이동국

전북 현대의
레전드가
되기까지

K-League Legend

Lee Dong-Gook

Minority Press

K리그 레전드 전집 　　이동국　　　　　　　**김성진 지음**

전북 현대의
레전드가
되기까지

마이너리티 프레스

K리그 레전드
전집을 펴내며

마이너리티 프레스

축구 서적 하면 가장 먼저 떠오르는 게 바로 '자서전'이다. 일대기를 자신의 입장에서 쓴 자서전은 주로 유명 선수가 쓰기 마련이다. 유명할수록 많은 업적을 남겼고, 그 업적은 여러 독자의 흥미를 유발한다. 그렇기 때문에 기존 자서전은 세계 무대를 누비는 해외 선수에게 한정될 수밖에 없다. 이는 세계적인 추세이며 국내 사정도 별반 다르지 않다.

　우리나라는 한·일 월드컵 기간과 맞물린 2002년 5월부터 12월 사이에만 홍명보, 황선홍, 김남일, 송종국, 이천수 등이 자서전을 냈다. 이전 세대 축구 선수가 제대로 된 자서전이 없다는 점에서 이례적이었다.● 한·일 월드컵 4강 신화는 축구인뿐만 아니라 전 국민적 성공이었으니 당시 업적을 남긴 선수들의 관심은 실로 엄청났다. 미디어에서는 그들의 인생 이야기를 쏟아냈고 그 내용을 엮은 자서전이 나오기에 이른다. 시간이 흐른 현재, 축구 관심도 줄면서 유명 선수에게 한정된 자서전마저 출간이 시들해졌다. 선수로서도 자기 삶을 구태여 글로 남길 필요를 못 느끼거나, 겸손하여 출판 자체가 부담스럽다.

　아무래도 '몸'으로 하는 스포츠를 '글'로 기록한다는 점에서 이질감이 생기는 듯하다. 그러나 축구 선수 개개인의 일생은 실로 중요하다. 그들의 작은 이야기가 모이면 넓게는 그 시대, 한국 축구의 역사를 그려볼 수 있기 때문이다. 물론 축구에 대한 역사서가 번역본으로 꾸준하게 나오긴 한다. 하지만 한국

● 차범근은 과거 자서전이 아닌 에세이를, 허정무는 2014년이 돼서야 자서전을 발간했다.

축구 역사가 아니라는 점에서 아쉽다. 국내에서는 대한축구협회 주도하에 축구 역사를 기록한 서적이 간간이 발행되긴 했으나 점점 시들해 가는 추세고, 이 또한 다양한 시선이 존재하기 어렵다는 한계가 있다.

'K리그 레전드 전집'은 이러한 취지에서 시작한다. K리그 역사에 족적을 남긴 선수라면 해당 선수의 일대기를 좇아 기록한다. '객관적인' 사실을 바탕으로 해당 선수의 이야기를 진행해 '주관적인' 자서전과는 성격이 다른 책을 만드는 게 목표다. 그래서 '자서전'보단 '평전'의 의미가 있다. 이미 해당 선수가 자서전 출판 이력이 있더라도 그와는 별개로 보면 된다. 선수 선정 방식은 다음과 같다.

하나, K리그에서 활약해야 하고
둘, 적어도 한 팀에서 레전드 대우를 받아야 한다.

K리그 레전드라는 대주제에서 알 수 있듯이 대표팀보단 프로축구에 방점이 찍혀 있다. 따라서 국내 활약이 최우선이다. 표지 색상도 해당 레전드의 구단 상징색을 차용한다. 선수와 구단이 서로 큰 애정을 품어야 함은 물론 축구팬도 인정하는 관계여야 한다는 의미다. 이러한 방식으로 인해 선정되지 못할 몇몇 선수도 있겠지만, K리그 구단별로 레전드 선수를 모아 읽는 재미와 K리그 역사의 흐름까지 읽어 낼 수 있을 거라 기대해본다.

마이너리티 프레스에서 발행하는 K리그 레전드 전집이 이제 한 권의 책으로 시작된다. 앞으로 여러 선수를 다루도록 노력하겠지만, 다음 책이 나오기까지 그 기간이 얼마만큼 걸린다고 단정 지을 순 없다. 빠르면 1년, 늦으면 2~3년을 기다릴지도 모른다. 또 한 번에 두 권의 책이 준비될 수도 있고, 과거 선수도 예외는 아니다. 이러한 이유로 순서대로 발행되는

책에 권호를 붙이지 않는다. K리그 전집이라는 한 묶음에 포함되지만 각 책의 독자적 의미도 중요하기 때문이다.

 마지막으로, 국내 축구에 기여한 K리그 레전드 대부분은 해외 진출에 성공한 선수보다 저평가되는 게 현실이다. 세계 무대에 비해 K리그 수준이 다소 낮겠지만 그 업적 자체를 부정할 필요는 없다. 그래서 K리그 레전드 전집은 해외와 국내 활약상 구분 없이 K리그라는 한 범주 안에서 해당 선수를 긍정적 시선으로 바라볼 것이다.

그동안 내가 전북에서
좋은 성적을 거둘 수
있던 것은 이동국이 펼친
역할이 굉장히 크다 — 전북 현대 전(前) 감독. 최강희

「5번째 정상도전」
최강희, '고마운 이동국'·
'미안한 김신욱', 『오센』,
2017년 10월 12일.

일러두기
1. 책 내용은 출판사와 저자의 견해다. 언급된 다수 인물과 구단, K리그를 운영하는 한국프로축구연맹 공식 입장과는 다를 수 있다.
2. 기사 및 단행본 인용문은 문장이 매끄럽도록 다듬었다. 참고 문헌을 통해 원문을 확인할 수 있다.
3. 단행본이나 방송사와 언론사는 『겹낫표』, 기사 제목은 「낫표」, TV 프로그램은 〈홑화살괄호〉를 사용했다.

목차

K리그 레전드 전집을 펴내며 — 마이너리티 프레스 5

1979-2001
유명 선수가 되기까지

1. 어린 시절, 육상에서 축구로 14
2. 프로 생활과 첫 월드컵 출전 18
3. 1998 K리그 신인왕 23
4. 혹사 속에 이뤄낸 2000 아시안컵 득점왕 25

2002-2007
시련에 맞닥뜨리다

1. 히딩크 감독 체제와 2002 월드컵 34
2. 군 면제가 걸린 2002 아시안게임 38
3. 제2의 전성기, 2004 아시안컵과 2006 월드컵 41
4. 이동국의 해외 진출 48
5. 이동국과 등번호 53

2008-2020
말년에 꽃피운 제2의 전성기

1. 전북 현대 이적과 K리그 우승 58
2. 마지막 월드컵 63
3. 전북 현대 레전드로 거듭나다 70
4. 은퇴를 준비하며 76
5. 이동국이 한국 축구에 남긴 업적 84

부록 이동국 선수 생활 연보 90

1979-

유명 선수가
되기까지

K-League Legend

Lee Dong-Gook

2001

Minority Press

어린 시절,
육상에서 축구로

1

이동국의 아버지 이길남 씨는 2013년 『동아스포츠』와 인터뷰에서 범상치 않던 아들 태몽에 관해 이야기한다.

> "이런 이야기 해도 되나…. 애 엄마가 동국이를 가졌을 때 동국이 누나도 있고 형도 있었어요. 가정 형편상 낳기 어려웠는데 임신 한 거예요. 마침 집에서 병원도 가깝고… 지워야 하나 고민했어요. 그러던 중 애 엄마가 꿈을 꿨는데 뱀이 뒷다리를 덥석 물더랍니다. 아무리 몸부림을 쳐도 안 놔줘서 이거 태몽에서 안 놔줄 적에는 뭔가 이유가 있겠다 싶었죠. 그래서 낳은 게 동국이에요."[1]

이동국은 1979년 4월 29일, 경상북도 포항에서 태어났다. 어려운 가정 형편 속에 그가 포항에서 나고 자란 일은 어쩌면 운도 따랐다. 지역팀 포항 스틸러스는 1980년대부터 초·중·고는 물론 대학까지 망라하며 유소년 시스템에 정성을 쏟는 팀이었다. 가령 유소년에게 훈련비와 비품을 제공하며 우수한 선수로 성장하도록 도왔다.[2]

학교에 들어갈 나이가 되자 이동국은 축구부도 없던 '포항동부초등학교'에 입학한다. 모든 과목 우수한 성적을 받았고 달리기, 수영, 태권도 등 다방면에 걸쳐 재능을 보인다. 그중 육상은 포항시 대회에 대표 선수로 출전해 100미터와 200미터, 멀리뛰기 전부 1등을 차지한다. 육상대회에서 두각을 나타낸

[1] 「기성용·김보경·이동국 及 큰 부상 없이 선수 생활 마무리」, 『동아스포츠』, 2013년 5월 11일.

[2] 「한국축구 역사를 바꾼 포항의 다섯 가지 기록」, 『중앙일보』, 2013년 5월 27일.

이동국을 본 '포항제철동초등학교' 축구부 코치는 아버지에게 축구를 시켜 보라고 권했다. 그 말을 따라 아버지는 이동국을 전학 시켜 볼을 차게 했다.[3]

어머니 김명자 씨가 "여자아이처럼 말도 잘하던 동국이가 축구를 한 뒤부터 말수가 줄었다"[4]고 말 한 대목에서, 어린 시절부터 축구를 얼마나 진지하게 생각했는지 미루어 짐작할 수 있다. 이동국이 좋은 축구 선수로 성장하는 데에 있어서 본인 의지가 중요하겠지만, 부모님의 역할도 빼놓을 수 없다. 어린 이동국에게 여러 스포츠를 접하게 했고 결단력 있게 축구 선수의 길을 열어줬다.

초등학교 4학년에 포항제철동초등학교로 전학 가서 축구를 시작한 이동국은 1992년 1월, 6학년 졸업을 앞두고 차범근 축구상의 장려상을 받았다.● '차범근 축구상'은 초등학생인 유소년에게 주어지는 상이다. 한국 축구의 전설, 차범근과 『소년한국일보』, 『일간스포츠』에 의해 1988년 처음 제정되었다. 수상 목록은 대상 한 명, 우수상 두 명, 장려상 세 명, 총 여섯 명 선수를 선정했다. 2010년부터 대한축구협회 제안으로 협회회관 1층 로비에서 시상이 열린다.[5] 2017년에는 포지션별로 베스트 일레븐 선수와 대상을 선정하여 기존 수상 방식보다 더 많은 선수에게 영광이 주어진다.[6]

이동국이 장려상을 받을 당시에는 제4회밖에 되지 않아 시상 가치가 지금과는 사뭇 달랐다. 이제는 30년 역사를 가진, 어엿한 유소년 시상식으로 자리매김한다. 1991년 제4회 이동국과 1992년 제5회 박지성이 받은 장려상을 시작으로 1993년 최태욱, 1994년 김두현, 1997년 하대성, 2001년 기성용, 2005년 이종호, 2009년 황희찬, 2010년 백승호가 대상을 받은 바 있다.

이동국은 차범근 축구상을 받고 포항제철중학교를 거쳐 포항제철공업고등학교에 진학했다. 1996년 대구 MBC

● 제4회 차범근 축구상 시상식은 1992년 1월이었고, 수상 내용은 1991년 활약이었다. 이동국 수상이 1992년과 1991년으로 혼재되어 있는데 1991년이 맞다.

[3] 「8년 만에 아버지의 낡은 차를 바꿔준 MVP 이동국 스토리」, 『스포츠조선』, 2011년 12월 6일.
[4] 「이동국, 초등학교 매 유상 3관왕」, 『중앙일보』, 2010년 5월 23일.
[5] 「'차범근 축구상'은 어떤 상? 박지성·기성용 등 용문」, 『아시아경제』, 2011년 2월 7일.
[6] 「차범근축구상, 29년간 한국축구에 진해온 '에너지'」, 『풋볼리스트』, 2017년 2월 2일.

포항제철공업고등학교
시절 이동국. ⓒ 연합뉴스

전국고교축구대회 득점왕(5득점), 시·도대항 중·고축구대회 MVP로 선정된다. 1997년 KBS배 춘계고등학교축구연맹전에서 총 6득점을 올리며 득점왕과 MVP를 독차지했을 정도로 모든 대회 맹활약했다. 1997년 안동고등학교와 대결한 대통령금배 전국고등학교축구대회가 유일하게 우승을 놓친 대회인데, 이마저도 편파판정 끝에 승부차기 11:12로 아쉽게 패했다.[7] 1996년 경기 출전은 없었지만 19세 이하 대표팀에 승선하는 등 어려서부터 주목받는 선수가 된다.

[7] 「포철공고 이동국 막막한 한국축구 빛이 보인다 떠오른 초대형 샛별」, 『경향신문』, 1997년 7월 5일.

프로 생활과
첫 월드컵 출전

2

1997년에 이동국은 사실상 부동의 고교 랭킹 1위였다. 고등학교를 졸업하고 대학 진학 없이 포항 스틸러스와 가계약을 맺었다. 계약금 1억 5,000만 원을 받았는데, 이 금액은 고졸 최고 연봉인 동시에 프로축구 역대 3위에 해당하는 기록이었다.[1] 이동국은 이회택, 최순호, 황선홍으로 이어지는 포항 스트라이커 계보에 당당히 이름 올릴 선수로 평가받았다.

프로 첫 등번호가 20번이라는 사실은 포항 스틸러스에서도 이동국에게 건 기대가 크다는 걸 의미한다. 20번은 한국 축구 최고의 수비수 홍명보 등번호로, 홍명보가 일본 J리그로 떠나 공석이 된 번호를 이동국이 이어받았다. 수비수 등번호를 공격수에게 물려준 일은 이례적이다. 홍명보처럼 팀은 물론 나라를 대표하는 선수가 되길 바라는 마음이 담겨 있다.

이러한 대우를 해준 데에는 연령대 대표팀 차출 경험과 대표팀 상비군(2군) 발탁 등 행보가 예사롭지 않았기 때문이다. 고등학교를 갓 졸업한 1998년 2월에 아시아 챔피언스리그 전신인 '아시안 클럽 챔피언십(1997-98시즌)'에서 두 골을 넣으며 팀의 대회 2연패와 자신의 첫 우승 트로피를 들어 올린다.● 신인 이동국이 국제 무대에서 골을 넣었으니 대단한 활약이었다.

이동국은 그해 3~4월에 열린 '아디다스코리아컵'에 출전하여 3월 31일 전북전에서 다이빙 헤더로 프로 무대 데뷔골을 장식했다. 4월 8일 전남전에서는 전진한 상대 골키퍼의 키를 넘기는 절묘한 로빙슛으로 결승골을 터뜨리고 11일 또다시

● 이동국이 골을 넣은 건 여덟 팀이 남은 8강 조별리그였고, 결승은 4월 5일 홍콩에서 중국팀 다롄 완다를 만났다. 무승부 끝에 승부차기 6:5로 이겼다.

[1] 「"축구선수에 대학졸업장은 필요없다"」, 『경향신문』, 1997년 7월 5일.

**1998년 포항 스틸러스 소속
이동국.** ⓒ 포항 스틸러스

전남을 만나 오버헤드킥까지 성공시켰다.[2] 이동국은 이때 세 경기 연속 골을 넣었다.

1998년 4월 30일에는 프랑스 월드컵 최종 명단 22인에 포함된다. 6월에 열릴 월드컵으로 인해 공식 K리그는 7월로 미뤄지고, 상반기는 두 개 리그컵(아디다스코리아컵, 필립모리스컵)만 진행된 상태였다. 정규리그 경험이 없던 이동국의 발탁은 놀라운 일이 아닐 수 없다. 프로 데뷔를 따지더라도 반년도 채 되지 않았으니 말이다. 이동국을 뽑은 차범근 감독은 "한국 축구 스트라이커 계보를 이을 선수로 월드컵을 다녀오면 한 단계 더 성장한다고 판단했다"며 "기용 여부와 관계없이 미래에 대한 투자로 데려가기로 했다"고 깜짝 발탁에 관해 설명했다.[3]

따라서 A매치 데뷔도 상당히 빨랐다. 최종 명단 발표 보름 후, 잠실주경기장에서 자메이카와 평가전(1998.5.16)을 가졌다. 경기 종료 11분을 남겨두고 황선홍과 교체돼 성인 대표팀 일원이 된다. 이날 홍명보가 20번을 달고 경기에 뜀으로써 이동국은 21번을 배정받았다. 대표팀은 이상윤의 멀티골에 힘입어 승리했다.

1998 프랑스 월드컵이 시작되었다. 차범근 감독의 말마따나 기용 여부와 관계없이 선수 발전을 위해 발탁된 만큼 출전 가능성은 희박했다. 하지만 황선홍이 월드컵 직전에 가진 중국과 평가전에서 다쳐 전력 제외됐고, 예선에서 맹활약한 공격수 최용수도 컨디션 난조였다. 그렇게 출발한 첫 경기 멕시코전은 대한민국 월드컵 역사상 선제골을 넣고도 1:3 역전패당한다. 네덜란드와 2차전을 앞둔 차범근 감독은 "이상헌, 김태영, 고종수, 이동국을 교체 선수로 정해놓고 있는데, 특히 이동국은 '해결사'로 막판 투입을 고려하겠다"[4]고 말해 출전 희망이 싹텄다.

● 차범근 감독이 이동국을 눈여겨보기 시작한 첫 경기를, 고등학교 3학년 시절 KBS배 춘계고등학교연맹전 결승이라고 한다. 당시 이동국이 있던 포항제철공업고등학교와 차범근의 아들, 차두리가 있던 배재고등학교가 맞붙었고 차범근 감독은 이 경기를 관람했다고 한다.

2 「19살 이동국 '괴물이네'」, 『경향신문』, 1998년 4월 14일.
3 「가자! 프랑스로 16강 신화를 창조할 22명의 붉은 전사들 19세 이동국 전격발탁」, 『경향신문』, 1998년 5월 1일.
4 「서정원 VS 오베르마르스 한국-네덜란드 '빠른발'에 승부건다」, 『동아일보』, 1998년 6월 20일.

2차전은 1차전보다 더 순탄치 않았다. 초중반은 잘 버티는가 싶더니 전반이 끝나기가 무섭게 내리 두 골을 먹혔다. 후반에 세 골을 헌납해 0:5 대패를 기록한다. 이 경기는 2014 브라질 월드컵 알제리전과 더불어 한국 축구 최악으로 손꼽힌다.

대표팀 실력을 떠나 당시 네덜란드는 베르캄프, 오베르마스, 클루이베르트, 다비즈, 필립 코쿠, 스탐, 데부어, 반 데 사르 등이 포함된 팀이었다. 우리나라 역대 월드컵 상대 중 전력이 가장 높다고 해도 과언이 아니다. 이동국의 첫 월드컵 출전은 이러한 악조건 속에서 시작됐다. 후반 32분 투입되어 짧은 시간 뛰었다. 전혀 위축된 기색 없이 젊은 패기를 갖고 결정적인 중거리 슈팅을 선보였고, 월드컵을 통해 이동국이라는 이름을 전국에 알렸다.

연속된 패배로 국민과 언론은 차범근 감독의 전술 문제를 두고 강도 높은 비판을 가했다. 대한축구협회는 차범근 감독을 대회 도중에 경질한다. 마지막 벨기에와 3차전은 김평석 수석 코치가 감독대행을 맡는다. 경기를 요약하면 이른 시간 실점, 이임생의 붕대 투혼, 유상철이 동점골을 넣으며 유종의 미를 거뒀다. 모두가 알다시피 그 자리에 이동국은 없었다. 그는 2013년 출간된 자서전에 한 가지 일화를 공개했다.

프랑스 월드컵을 떠올릴 때 후회되는 일이 있다. 벨기에전을 이틀 앞두고 김평석 수석코치님이 나를 불렀다. 김 코치님은 네덜란드전이 끝나고 차 감독님이 경질되면서 감독대행을 맡고 있었다.

"너 측면 공격도 잘 볼 수 있어?"

당시 나는 대표팀에서 쟁쟁한 선배들에 밀려 주로 측면에 교체 투입되었지만 축구를 시작한 뒤 센터포워드 외 다른 포지션을 소화한 적이 없었다. 순진했던 나는 그저 있는 그대로 대답했다.

"코치님, 저 계속 중앙만 봤는데요."
그때 내가 능청스럽게 측면도 볼 수 있다고 말했으면 벨기에전에 선발 투입됐을지도 모른다. 지금 생각해 보면 너무 솔직했던 나머지, 그리고 센터포워드를 보고 싶다는 고지식한 생각에 선발 출전 기회를 스스로 차버린 셈이었다. 결국 나는 벨기에전에 나서지 못했다.[5]

아쉽게 3차전 출전이 불발되며 이동국의 첫 월드컵은 단 13분에 그친다.[**] 하지만 아쉬울 일 하나 없었다. 네덜란드전 중거리 슛 하나로 이동국은 대한민국을 대표하는 스포츠 스타가 되기 때문이다. 대표팀의 월드컵 실패에도 불구하고 이동국은 귀국 현장에서 국민으로부터 대환영 받았다.

● 이 일화는 자서전뿐만 아니라 JTBC3에서 방영한 〈사진에 담긴 숨은 이야기〉에 출연해서도 밝혔다.

●● 추가 시간 3분 포함하면 16분.

5 이동국, 『세상 그 어떤 것도 나를 흔들 수 없다』, 나비의 활주로, 2013년, 25쪽.

1998 K리그 신인왕

1998 K리그 흥행의 주역이던 이동국.
ⓒ 포항 스틸러스

1998년 한국 축구계는 저조한 월드컵 성적이 K리그에 악영향을 미칠 거라 예상했다. 도리어 프랑스 월드컵에서 활약한 이동국, 고종수를 포함해 일명 '신세대 스타'가 K리그에 유입되며 유례없는 흥행에 성공한다.

이동국, 고종수, 안정환은 'K리그 트로이카'로 불리며 축구장에 오빠 부대를 이끈 장본인이다. 셋 중 이동국은 인기가 많으면 많지 적지 않았다. 인터넷이 발달하지 않았던 시절, 한 달에 2만 통 이상 팬레터가 쏟아졌고, 감당이 안 된 포항 스틸러스는 구단 홈페이지에 이동국란을 따로 신설해 관리했다.[1]

『경향신문』과 PC통신 '유니텔'이 공동으로 운영한, 유명인 인기와 대중문화 작품 순위를 매기던 '경향·유니텔 연예 TOP 10' 스포츠 부문 조사에서 축구의 고종수와 안정환, 야구의 박찬호, 농구의 우지원을 크게 따돌리고 1위를 차지할 정도였다.[2] 이동국은 축구 실력과 인기를 겸비한 영향력 있는 '스타' 반열에 올랐다.

소녀 축구팬을 몰고 다닌 'K리그 트로이카'와 구단마다 구성된 '서포터스'의 열띤 응원에 힘입어, 1998 K리그는 한 경기 평균 관중이 1만 5,895명에 달했고 64경기 만에 100만 관중을 돌파했다. 1997년 기록에 두 배가 넘는 수치이며 프로축구 출범 이후 15년이 걸려 이뤄낸 쾌거다. 상반기 열린 두 개 리그컵의 관중수까지 합하면 168만 2,274명으로 집계된다.[3] 시즌 종료 시점에는 200만 관중을 넘어섰다.

---

[1] 「이동국을 선택한 차붐, 이동국을 버린 히딩크」, 『스포츠동아』, 2017년 8월 16일.

[2] 「경향·유니텔 연예 TOP 10」, 『경향신문』, 1998년 11월 25일.

[3] 「프로축구 정규리그 입장객 1,000,000명 돌파」, 『동아일보』, 1998년 9월 21일.

이 시기를 프로축구 '르네상스'라고 표현한다. 1998년은 프로야구 인기를 프로축구가 넘어선 첫해다. 프로축구와 다르게 연고지가 제대로 정착된 프로야구는 당시 우리나라 제1의 인기 스포츠였다. 2002년 한국 축구는 한일 월드컵에서 아시아 국가 최초로 4강 진출을 이뤄낸다. 그 흐름을 이어받아 K리그는 또 한 번 부흥기를 맞이했지만, 대다수 축구팬은 2002, 2003년보다 1998, 1999년을 프로축구 황금기로 인식한다.

축구 인기가 워낙 많은지라 현재는 이벤트에 불과한 올스타전도 1998년엔 중요했다. 중부와 남부팀으로 나뉜 경기에 이동국은 2득점(PK 1득점) 1도움 기록, MVP를 수상하며 스타다운 면모를 보인다. K리그 열다섯 경기에 나와 7득점 2도움을 올려 신인왕 경쟁도 펼쳤다. 기자단 투표 총 63표 중 절반이 넘는 32표를 얻었다. 18표를 받은 안정환, 13표를 받은 백승철을 제치고 수상의 영예를 안았다.[4]

『일간스포츠』와 2017년 인터뷰에서 이동국은 "K리그 역대 가장 치열한 신인왕 경쟁을 펼쳤다"고 회상했다. 이어서 "내가 정환이 형을 이겼다고 생각하지 않았다. 월드컵을 뛰어서 가산점을 얻었다"[5]고 겸손하게 대답했다. 그도 그럴 것이 백승철은 이동국보다 높은 공격 포인트 10득점 1도움을 기록했고, 이동국이 포함되지 못한 K리그 베스트 일레븐에 백승철, 안정환은 이름을 올렸다. 신인왕을 탈 당시 『경향신문』도 '프로축구 붐을 일으킨 주역', '1998 프랑스 월드컵'과 '아시아 청소년 축구선수권대회(U-19 챔피언십)' 활약을 인정받아 높은 점수를 받았다고 평가한다.[6]

이 말은 자칫 성과에 비해 더 좋은 대우를 받았다고 오해할 수 있다. 이동국은 1998년 6월 월드컵을 시작으로 10월에 아시아 청소년 축구선수권대회 대표, 12월에 방콕 아시안게임 대표로 활약한다. 10월 중 대표팀 경기와 K리그 플레이오프 일정이 겹쳐 소속팀 경기에 나서지 못했던 사정을 살핀 결과다. 선수와 구단은 대표팀 경기라면 '나라를 위해' 적극 협조하던 시절이니 당연히 그럴 만도 했다.

4 「프로축구 기자단 투표 MVP 고종수 신인왕 이동국」, 『동아일보』, 1999년 1월 8일.

5 「"1998년, 나는 '과대 포장' 됐다"」, 『일간스포츠』, 2017년 2월 28일.

6 「MVP 고종수 신인왕 이동국」, 『경향신문』, 1999년 1월 8일.

혹사 속에 이뤄낸
2000 아시안컵 득점왕

4

이동국은 아시아 청소년 축구선수권대회 총 5득점을 올려 득점왕을 차지했을 뿐만 아니라 결승 한일전에 터닝슛을 성공시키며 대회 우승을 이끌었다. 이 득점은 이동국 하면 지금도 회자되는 골이다.

1998년 대표팀 차출 기록을 살펴보면 6월-월드컵, 10월-아시아 청소년 축구선수권대회, 12월-아시안게임으로 이어진다. 이동국은 1998년과 2000년 사이 총 세 개 대표팀[•]에 모습을 드러냈다. 한국 축구에 없어서는 안 될 존재가 되었다. 이동국 개인에게도 영광스러운 순간이었지만 선수 혹사 문제가 심각했다. 이에 따라 1998년부터 2000년까지 이동국이 출전한 대회를 정리해본다.[표.1]-26쪽

- 성인 대표팀, 23세 이하 올림픽 대표팀, 20세 이하로 구성된 U-20, U-19 대표팀.

요즘 한국 축구에선 "상상하기 힘든 선수 기용이 아닐까" 싶을 정도로 2년 반 동안 이어진 대표팀 경기는 상당했다. 이동국은 대표팀과 소속팀을 오가면서 체력 부담을 느낄 수밖에 없는 상황에 놓였다. 대표팀 차출로 인해 포항 스틸러스 소속 출전이 비교적 적었고 1999년 열아홉 경기, 2000년에는 여덟 경기를 뛰며 준수한 활약을 펼쳤다.

이동국의 체력을 관리하기 위한 흥미로운 사례가 있다. '아프로-아시안 클럽 챔피언십'은 아시아 대륙과 아프리카 대륙 챔피언스리그 우승팀이 맞붙는 '슈퍼컵' 개념의 대회다. 포항 스틸러스는 아시아 챔피언스리그 전신 '아시안 클럽 챔피언십' 우승팀 자격으로 이 대회에 참가했다. 1999년 4월 25일에 열릴

년도	월	대표팀	대회	출전 기록
1998년	6월	성인	프랑스 월드컵	3경기 / 1출장
	10월	U-19	아시아 청소년 축구선수권대회	6경기 / 6출장
	12월	성인	방콕 아시안게임	6경기 / 6출장
1999년	1~2월	올림픽	던힐컵	5경기 / 4출장
	4월	U-20	세계 청소년 축구선수권대회	3경기 / 3출장
	5월	올림픽	시드니 올림픽 1차 예선	3경기 / 3출장
	10~11월		시드니 올림픽 최종 예선	4경기 / 4출장
2000년	1월	올림픽	호주 4개국 친선대회	3경기 / 3출장
	2월	성인	북중미 골드컵	2경기 / 1출장
	4월		아시안컵 예선	3경기 / 0출장
	7월		한중정기전	1경기 / 1출장
	9월	올림픽	시드니 올림픽	3경기 / 3출장
	10월	성인	LG컵 4개국 친선대회	2경기 / 2출장
			아시안컵	6경기 / 6출장

[표. 1] **1998년에서 2000년 사이 이동국의 주요 대회 대표팀 출전 기록**

원정 2차전●을 앞두고 이동국의 소속팀 합류와 출전 여부에 잡음이 있었다. 그에 대한 『연합뉴스』 기사를 살펴보자.

● 1차전은 4월 11일 포항 스틸야드에서 열렸다.

> 포항은 대표팀 관리 규정을 들어 (1999년 4월) 13일 귀국한 이동국을 포항으로 불러들였다. 오는 25일 모로코에서 열리는 아프로-아시안 클럽 챔피언십 원정 경기에 그를 데려갈 생각까지 하고 있는 것. 이동국은 3~4일 휴식하고 올림픽 대표팀에 합류할 예정이었다.
> 포항 윤종범 사무국장은 "아직 몸 상태가 어떤지 몰라 출전 여부는 확실치 않다. 그러나 팀을 위해서 모로코 원정에 데려갔다 돌아와 올림픽 대표팀에 내주고 싶다"고 말했다.[1]

[1] 『포항, 이동국 무리한 출장 시도』, 『연합뉴스』, 1999년 4월 14일

기사 제목은 「포항, 이동국 무리한 출장 시도」였다. 대표팀 경기에 얼마나 치중했으면 소속팀이 선수를 기용하는데 무리한 출장을 시도한다고 표현했을까. 이동국의 대표팀 활약을 위해 포항 스틸러스가 배려해야 한다는 여론이 지배적이던 시절이다. 이때 일정을 더 자세히 살펴보면 다음과 같다. 1999년 4월 세계 청소년 축구선수권대회(U-20 월드컵)를 마치고 귀국하여 곧장 소속팀 훈련에 합류해 K리그 대한화재컵에 출전했다. 이어서 아프로-아시안 클럽 챔피언십 참가를 위해 모로코 카사블랑카 원정길에 올랐다.[2]

'이동국 혹사'하면 가장 회자되는 시기는 2000년 2월-북중미 골드컵, 9월-시드니 올림픽, 10월-아시안컵이다. 무릎 테이핑을 하고 경기에 임했다. 앞서 나온 표만 참고해도 앞뒤로 7월-한중정기전, 10월-LG컵 4개국 친선대회에 참여할 정도로 빠듯한 일정을 소화했다.●● 돌이켜보면 한 선수의 축구 생명을 앗아갈 수도 있는 '잔혹사'였다.

●● 4월 아시안컵 예선 경기엔 뛰지 않았지만, 세 경기 중 한 경기에 명단 포함됐다.

잘 알려지지 않았을 뿐 2000년 전부터 이동국은 크고 작은 부상에 시달렸다. 1999년 1~2월에 열린 던힐컵에 출전하고 소속팀 복귀 후 아시안 클럽 챔피언십에 나와 발목을 다쳤지만, 바로 다음 달(3, 4월) 예정된 세계 청소년 축구선수권대회에 나서기 위해 쉴 틈 없이 치료에 전념한다. 대회 참가 의지는 본인도 가졌겠지만 『경향신문』 옛 기사를 참고하면 대표팀 측 필요에 의해 무리하게 복귀한 경향이 짙다.

청소년 대표팀의 조영증 감독은 "이동국이 상대 수비에 막히자 2선 공격수의 공간 침투까지 봉쇄됐다"며 "이동국이 살아나야만 공격 활로가 뚫린다"고 염려했다. 이 때문에 조 감독은 (1999년 3월) 14일 이동국과 개인 면담을 하고 '20일 작전'을 지시했다. (…) 20일쯤 훈련 성과를 1차 점검한 뒤, 23일 부천SK와 연습 경기 때는 정상 컨디션에서 뛸 수 있도록 이동국을 독려하고 있다.[3]

[2] 「축구 '라이언킹' 이동국 "다시 시작이다"」, 『동아일보』, 1999년 4월 27일.
[3] 「세계청소년축구대회(D-21 긴급명령 '이동국 바로세우기'」, 『경향신문』, 1999년 3월 15일.

부상 여파에도 연습 경기까지 출전하는 강행군이었다. 이러한 사례를 보면 한국 축구가 이동국에게 거는 기대가 얼마나 컸는지 알 수 있다. 하지만 선수 몸 상태가 안 좋으면 어느 하나의 연령대 대표팀에 제외하더라도 회복을 기다려 줘야 한다. 연령대 대표팀은 더 좋은 성인 선수가 되도록 돕는 곳이다. 이곳에서 오히려 혹사를 당했으니 이제 와서 여론과 축구팬이 '혹사' 문제를 인정하기 시작했다.

큰 대회에 나간다 한들 부상을 단 선수에게 좋은 성과를 기대하긴 힘들다. 이동국은 세계 청소년 축구선수권대회 세 경기 중 마지막 경기에서 골을 넣고 승리에 일조했지만, 앞선 1, 2차전 득점에 실패하며 대회 탈락을 하고 말았다.

안타깝게도 부상은 계속 이어졌다. 1999년 8월 28일 K리그 전북전에 출전하여 왼쪽 발목을 다친다.[4] 한 달 뒤인 9월 27일에 올림픽 대표팀 간 한일전이 예정돼 있었다. 컨디션 난조에도 불구하고 이동국은 꼭 출전해야 한다는 여론이 지배적이었다.●

● 올림픽 대표팀 간 한일전은 1차전 9월 7일 도쿄국립경기장에서, 2차전 9월 27일 잠실주경기장에서 펼쳐졌다. 이동국은 두 경기 모두 풀타임 활약했다.

부상이 쌓여 2000년에 열린 모든 대회에서 무릎 테이핑을 하는 상황에 이르렀다. 그런데도 이동국은 북중미 골드컵-시드니 올림픽-아시안컵으로 이어진 대회에서 제역할을 다한다. 골드컵이 끝나고 독일로 건너가 재활 치료를 받았던 일[5]을 감안하면 올림픽, 특히 아시안컵 활약상은 실로 대단했다.

북중미 골드컵에 나선 성인 대표팀은 조별리그 단 두 경기를 치렀다. 1차전 캐나다와 소득 없이 0:0 무승부를 거두었다. 2차전 코스타리카를 상대로 이동국이 전반에 선제골을 넣었다. 이때 득점은 성인 대표팀 기준 A매치 첫 골(2000.2.17)이었다. 후반에 동점을 허용했고 수비수 이민성이 달아나는 골을 성공시켰지만, 11분도 못 버티고 또다시 실점했다.

대표팀이 속한 D조 세 팀은 모두 2무를 기록했다. 코스타리카가 득실에 앞서 조 1위를 차지한다. 캐나다와 우리나라는 골득실마저 같아 추첨으로 운명을 갈랐다. 그 결과 캐나다가 토너먼트에 진출, 우리나라는 탈락한다.

[4] 「한·일올림픽축구, 이동국-나카타 자존심 대결」, 『연합뉴스』, 1999년 9월 6일.

[5] 「이동국 그라운드 컴백… "국내리그에만 전념"」, 『동아일보』, 2000년 6월 28일.

골드컵 탈락은 다른 대륙 축구선수권대회에 '초청팀 자격'으로 참가했으므로 예행연습이라는 변명의 여지가 있었다. 반면 남은 올림픽과 아시안컵은 성과를 내야 하는 실전이다. 우리나라 올림픽 축구 성적은 1988 서울, 1992 바르셀로나, 1996 애틀랜타 올림픽까지 조별리그 연속 탈락의 고배를 마셨다. 아시안컵도 마찬가지다. 1956년과 1960년 이후로 우승이 없다.

시드니 올림픽 목표는 토너먼트 진출이었다. 2000년 9월 14일 1차전부터 강호 스페인을 만나 0:3이라는 큰 점수 차로 패한다. 와일드카드로 뽑힌 홍명보가 부상으로 빠져 수비에 큰 공백이 생겼고, 패스 실수가 잦아 공격 흐름을 이어가지 못했다. 이동국은 승부가 이미 결정된 후반 0:3 상황에서 투입됐다. 강력한 프리킥 슈팅을 날렸지만 골키퍼에 막히고 만다.[6]

17일 모로코와 2차전은 떠오르는 신예 이천수의 골로 승리했지만 20일 칠레와 3차전에서는 이천수가 이른 시간에 퇴장당해 수적 열세 속에 경기가 이어졌다. 중요한 순간 이동국이 득점을 올리며 가까스로 1:0 승리를 챙겼다.

우리나라는 2승 1패라는 만족스러운 성적을 거두고도 골득실에 밀려 조별리그에서 탈락한다. 8강 진출했던 2004 아테네 올림픽과 동메달을 거머쥔 2012 런던 올림픽 조별리그 성적이 1승 2무였다. 시드니 올림픽 땐 정말 운도 따라주지 않았다. 속된 말로 "졌지만 잘 싸웠다"라는 표현이 꽤 잘 어울렸다.

성인 대표팀과 올림픽 대표팀을 겸임하던 허정무 감독은 골드컵과 시드니 올림픽 성적 책임을 지고 감독직 사퇴의 뜻을 밝혔다.[7] 대한축구협회는 기술위원회를 열어 "아시안컵을 앞두고 코치진 교체는 바람직하지 않다"고 의견을 모아 허정무 감독의 유임을 결정했다.[8] 좋은 성적을 거뒀음에도 탈락한 이유가 컸다.

아시안컵 우승이 목표인 성인 대표팀은 2000년 10월 13일 1차전 중국전을 2:2로 비기고 16일 2차전 쿠웨이트에 0:1 패했다.

[6] 「한국 축구 스페인에 참패」, 『국민일보』, 2000년 9월 14일.
[7] 「허정무 축구대표팀 감독 거취 놓고 찬반 양론」, 『매일경제』, 2000년 9월 22일.
[8] 「허정무 축구대표팀 감독 유임」, 『연합뉴스』, 2000년 9월 25일.

19일 3차전 인도네시아를 3:0으로 이기며 간신히 1승 1무 1패 성적을 거둬 토너먼트에 진출한다.

1999년 5월 29일 올림픽 아시아 1차 예선에서도 인도네시아를 만나 해트트릭을 기록했던 이동국은 아시안컵 3차전 인도네시아를 상대로 또다시 해트트릭을 달성, 조별리그 유일한 승리를 챙기는 데에 한몫한다.

이어서 8강전 이란을 만나 연장까지 가는 접전 끝에 이동국의 극적인 골든골로 아시안컵 4강에 오른다. 4강 사우디아라비아전에서는 0:2로 끌려가며 패색이 짙은 가운데, 이동국은 경기 종료를 앞두고 만회골을 넣어 탈락의 아쉬움을 조금이나마 달랬다. 3·4위전 중국과 경기에 또 골을 넣으며 네 경기 연속 득점, 대회 득점왕을 차지한다.

활약에도 불구하고 이동국은 제대로 된 평가를 받지 못했다. 해트트릭을 기록한 3차전을 제외하면 조별리그, 8강과 4강 모두 상대팀에게 끌려가는 수준이었기 때문이다. 이동국 이후 아시안컵 한국인 득점왕은 2011 아시안컵에서 다섯 골을 넣은 미드필더 구자철이다. 여섯 골 넣고 득점왕을 차지한 이동국은 1980 아시안컵에서 일곱 골을 넣은 최순호에 이어 역대 2위에 이름이 올라있다.[표. 2]

• 이동국은 올림픽 대표팀 두 번, 성인 대표팀 한 번, 태극마크를 달고 총 세 번의 해트트릭을 달성했다. 시드니 올림픽 1차 예선이었던 1999년 5월 25일 스리랑카전과 29일 인도네시아전, 그리고 본문에서 말한 2000년 10월 19일 아시안컵 조별리그 3차전 인도네시아전이 있다.

순위	득점 수	이름	대회 년도	개최국	대표팀 성적
1위	7득점	최순호	1980년	쿠웨이트	준우승
2위	6득점	이동국	2000년	레바논	4강(3위)
3위	5득점	구자철	2011년	카타르	4강(3위)
		박이천	1972년	태국	준우승
5위	4득점	조윤옥	1960년	대한민국	우승
6위	3득점	이태호	1988년	카타르	준우승

[표. 2] 한국인 역대 아시안컵 득점왕의 득점 순위

아시안컵 8강 이란전에서
골든골을 넣은 이동국.
무릎에는 두꺼운 테이핑이
되어 있다. ⓒ 연합뉴스

2002-

시련에
맞닥뜨리다

2007

K-League Legend

Lee Dong-Gook

Minority Press

히딩크 감독 체제와
2002 월드컵

1

허정무 감독은 성적에 따라 2002 한·일 월드컵까지 대표팀을 이끌 예정이었지만 골드컵·올림픽·아시안컵의 연이은 실패로 감독직에서 물러난다. 그 자리에는 네덜란드 출신 감독, 거스 히딩크가 선임된다. 2001년 1월 열린 칼스버그컵부터 지휘봉을 잡아 1년 반 동안 월드컵을 준비했다.

　기나긴 대표팀 혹사 기간을 보내며 주전 활약한 이동국은 히딩크 감독 체제 초반에 등장하지 못했다. 독일 분데스리가 베르더 브레멘에 6개월 임대 생활을 시작해 주전을 꿰차는 게 급선무였기 때문이다.

　독일 무대 공식 데뷔전은 2001년 2월 4일 함부르크전이다. 대표팀이 참가한 두바이컵과 일정이 겹쳐 히딩크호에 차출되지 않았다. 히딩크 감독은 국내 여러 선수를 실험해보는 가운데 합류하지 못한 해외파도 계속해서 주시했다. 2월 하순에 이동국이 있는 유럽으로 직접 찾아가 경기를 지켜볼 거라고 언급한다.[1]

　이동국이 히딩크 감독에게 부름을 받은 건 2001년 4월 이집트에서 열린 LG 4개국 친선대회다. 이란을 상대로 이렇다 할 활약이 없었다. 좋지 않은 몸을 이끌고 해외 진출 감행, 낯선 곳에 적응하지 못한 여파가 자신감 하락으로 이어졌다.

　5월에는 베르더 브레멘과 함께 한국으로 돌아와 친정팀 포항 스틸러스, 전북 현대와 내한 경기를 가졌다. 경기 전 인터뷰에서 이동국은 "독일로 갈 땐 할 수 있다는 자신감에 차 있었는데 분데스리가에 가서 부닥쳐보니 좀 더 준비가 필요했다"[2]고 말했다. 자신도 독일 생활에 아쉬움을 나타낸 셈이다.

[1] 「히딩크 인터뷰… "센터와 붙어야 늘지"」, 『동아일보』, 2001년 2월 14일.
[2] 「이동국 귀국 "주전되려면 더 노력해야죠"」, 『동아일보』, 2001년 5월 21일.

월드컵을 1년 남기고 펼쳐진 컨페더레이션스컵 명단마저 제외되어 심각성은 더해갔다. 포항 스틸러스로 돌아와 K리그 올스타전에서 두 골을 넣고 MVP를 수상했다. 그렇지만 이벤트 경기에 불과한 올스타전이 대표팀 주전 확보에 도움 되진 않았다. 하반기부터 참여한 K리그에서도 열아홉 경기 출전, 네 골에 그쳤다. 8월 대표팀 명단에 포함된 이동국은 유럽 전지훈련을 떠났다. 네덜란드 1부리그 RKC발베이크와 연습 경기에서 다소 아쉬운 플레이를 펼쳤고, 15일 체코와 원정 A매치에서는 대패가 확정된 뒤에야 그라운드를 누빌 수 있었다.[3]

대전월드컵경기장, 부산아시아드주경기장 개장 경기로 펼쳐진 9월 A매치 나이지리아와 2연전에서 1차전 22분간 출전, 2차전 풀타임 활약과 동시에 추가 시간 1분경 헤더골을 넣었다. 히딩크 감독 부임 후 첫 골이었다. 히딩크 체제가 3분의 1이 지났지만 기회가 잡힐 듯 잡히지 않았다. 오히려 출장 횟수는 더 줄어든다. 11월 서울월드컵경기장 개장 경기에서 단 2분 출전에 그쳤고 12월 A매치 미국전에는 경기에 뛰지 못했다. 그렇게 2001년 한 해를 보낸다.

이동국의 훈련을 지켜보는 히딩크 감독 ⓒ 연합뉴스

[3] 「이동국, 마지막 기회에서 부활 예고」, 『연합뉴스』, 2001년 9월 16일.

월드컵을 6개월 남겨둔 2002년 1월, 북중미 골드컵 명단에 포함된다. 발목 부상으로 조별리그 두 경기에 결장했고 8강, 4강, 3·4위전에 출전한다. 결론부터 말하면, 세 경기 중 단 한 골도 기록하지 못했다. 8강전을 앞두고 이동국은 인터뷰에서 "A매치 첫 골의 기쁨을 안겨준 경기가 바로 지난 골드컵 코스타리카전이기 때문에 이번 멕시코전에서도 꼭 골을 넣고 싶다"[4]고 말했지만 뜻대로 되지 않았다.

  골드컵이 한·일 월드컵에 승선하기 위한 마지막 기회였다. 그다음 2, 3월 친선 경기에 잠깐 나왔을 뿐이다. 4월 20일 대구 스타디움에서 펼쳐진 코스타리카전에서는 지친 설기현 대신 교체 투입도 되지 않아, 월드컵 최종 명단 제외가 기정사실화됐다.

  최종 명단 탈락 원인은 회복되지 않은 몸을 이끌고 감행한 해외 진출 실패에 있다. 당시 안정환과 설기현도 비슷한 시기에 유럽에 나갔다. 둘은 완벽한 컨디션을 갖고 골을 넣으며 팀 내 주전 자리를 확보했다. 따라서 대표팀 경기에 당장 뛰지 않더라도 히딩크 감독에게 큰 신임을 받았다. 반면 이동국은 독일 무대 실패 후 돌아온 국내에서도 기량 회복이 무뎠다. 히딩크 감독 눈에 띄지 못한 이유다.

  결국 2002 한·일 월드컵에서 그는 없었다. 대표팀에 처음 승선한 1998년부터 2000년 사이에 이동국은 언론으로부터 '2002 월드컵에 활약할 스타'로 자주 언급되었다. 2012년 SBS 예능 프로그램 〈힐링캠프, 기쁘지 아니한가〉에 출연하여 자신조차도 "2002 월드컵 최종 명단에 제외될 줄은 몰랐다"며 "그 무대에 당연히 있을 거로 생각했다"고 심경을 밝혔다. 또한 한국 경기가 열렸던 2주 동안 맨정신에 있기 힘들었다고 말하기도 했다.[5]

  이동국에게 가장 큰 시련이 닥쳤을 때, 한국 축구는 가장 위대한 업적을 작성하고 있었으니 상실감은 이루 말할 수

● 골드컵이 끝난 2월 곧바로 우루과이 원정을 떠났다. 이동국은 풀타임 출전했다. 이어서 3월 튀니지 원정, 스페인에서 핀란드와, 독일에서 터키와 대결을 펼쳤다. 이동국은 튀니지전에서 45분 뛰고 교체 아웃됐다. 그다음부터 출장 기회를 잡지 못했다.

4 「28일 골드컵 8강전… 이동국 "기다렸다! 멕시코"」, 『국민일보』, 2002년 1월 26일.
5 「이동국, 2002년 월드컵 대표팀 탈락 충격 "늘 술에 취해"」, 『조선일보』, 2012년 1월 24일.

없었다. 심지어 수많은 축구팬과 언론은 1~2년간 부진을 보며 '이동국 시대'는 이미 끝났다고 단정 짓는다. 안 그래도 좋은 성과를 올려도 질타와 책임을 요구받던 그는 이제 더 큰 비판과 맞서야 하는 상황에 놓인다.

군 면제가 걸린
2002 아시안게임

2

축구 대표팀은 1986 서울 아시안게임 우승 이후, 2002 부산 아시안게임이 열리기까지 16년간 금메달을 목에 걸지 못했다. 서울에 이어 부산 개최가 확정되면서 우승에 대한 기대가 한껏 부풀어 올랐다. 이 대회부터 올림픽처럼 23세 이하로 연령 제한이 생겼다. 이동국이 프로 선수로 성장한 뒤 두 번의 월드컵을 겪었지만 그의 나이 고작 만 23세였다. 1998 방콕 아시안게임에서는 연령 제한이 없는 '성인 대표팀' 합류였다면 2002 부산 아시안게임은 'U-23 대표팀' 승선이었다.

6월 2002 한·일 월드컵에서 코치를 맡았던 박항서 감독이 U-23 대표팀을 이끌고 부산 아시안게임에 나섰다. 월드컵이 끝나고 3개월이 지났을 무렵 시작된 대회는 월드컵 4강 신화의 주역이 대거 포함됐다. 23세 이상 선수 3명을 뽑는 제도, 와일드카드를 통해 2002 월드컵 멤버 이운재와 이영표, 당시 성남 일화 수비수로 활약한 김영철을 발탁했다.● 이동국이 포함된 공격수를 제외하고 모든 포지션에서 보강이 이루어졌다. 아시안게임 축구 역사상 최고 선수가 모인 만큼 우승은 충분히 가능해 보였다.

이동국에게 부산 아시안게임이 중요했던 이유는 군 면제가 걸린 마지막 기회였기 때문이다. 대표팀은 2012년이 돼서야 올림픽 축구에서 동메달을 따 병역 혜택을 받았다. 2000년대 이전 올림픽 대표팀의 성적을 보면 토너먼트는커녕 조별리그에서 탈락하던 시절이라 병역 혜택을 바라기엔 무리였다. 그나마

● 2002 월드컵 멤버는 이운재와 이영표를 포함해 23세 이하였던 박지성, 이천수, 최태욱, 현영민이 뽑혔다.

•• 이마저도 쉽지 않았다. 1986 서울 아시안게임 이후, 금메달은 2014 인천 아시안게임에서 따냈다. 무려 28년이란 시간이 걸렸다.

아시아 국가와 상대하는 아시안게임에서 금메달을 획득하는 편이 더 실현 가능한 목표였다.•• 게다가 월드컵 대표팀이 사상 첫 4강 진출을 이뤄내며 유례없는 군 면제 혜택을 받았기 때문에 면제를 받지 못한 선수에게는 동기부여가 확실했다.

아시안게임은 조별리그에서 몰디브, 오만, 말레이시아를 만나 4:0, 5:2, 4:0으로 대파한다. 이동국은 대표팀 승선 4년 만에 주장 완장을 차고 경기에 임했다. 책임감도 더욱 커졌다. 조별리그에서만 세 골을 기록했고 8강 바레인전 페널티킥 성공까지 포함해 대회 네 경기 연속 골을 터뜨렸다. 4강 이란전에서 선발된 이영표에게 주장 완장을 넘겼지만, 후반 교체 투입된 이동국은 연장까지 가는 접전 속에서도 몇 차례 좋은 슈팅으로 결승을 향한 의지를 불태웠다. 하지만 결승골은 끝까지 터져주지 않았다. 결국 승부차기로 접어든다.

이동국은 첫 번째 키커로 나와 가볍게 득점에 성공한다. 두 번째 키커 이영표가 골포스트를 맞춰 실축했고 이어서 나온 최태욱과 박지성이 침착하게 골을 넣었다. 그러나 상대팀 이란의 모든 키커가 골을 넣어 우리나라는 4강 문턱에서 좌절한다.

이영표의 승부차기 실축은 훗날 네티즌을 통해 '이동국 군대 가라 숏'이라 불린다. 최성국, 김두현 등 여러 선수가 병역 혜택을 못 받았지만 유독 이동국에게 초점이 맞춰졌다. 참고로 이영표는 이날 실축으로 페널티킥 트라우마를 겪었다. 2011 아시안컵 4강 일본전에서 애초에 승부차기 키커로 나서지 않았다.[1]

이동국의 도전도 여기서 멈춰 섰다. 2002년 10월 아시안게임을 끝으로 소속팀 포항 스틸러스로 복귀했다. 11월까지 진행된 K리그 잔여 경기를 마무리 지었다. 이동국은 리그 기록만 따지면 스물한 경기 출전 7득점에 머물렀지만 FA컵 기록을 포함하면 시즌 10득점을 채웠다.

열일곱 경기에 출장하여 3득점에 그쳤던 2001년 기록에 비하면 확실히 나아졌지만 구단 입장은 불만족스러웠다.

[1] 「'초롱이' 이영표, 사우디 컵대회서 승부차기 실축」, 『스포츠월드』, 2011년 2월 17일.

이동국이 전성기를 구가하던 시절에도 대표팀 차출로 인해 정작 소속팀 활약이 적었으니 아쉬울 법도 했다. 부진이 길어지자 구단 안팎에서 트레이드 및 상무 입대설이 흘러나왔다. 포항 스틸러스 최순호 감독은 "이동국이 몇 년간 침체기에 빠져 있고 힘은 쓰는데 기량이 예전 같지 못하다"고 지적했다.[2]

이동국은 2003년 돌연 입대를 결정한다. 그나마 운이 좋았던 부분은 이동국이 입대한 해부터 상무팀이 광주를 연고지로 삼아 프로팀으로 승격했다는 사실이다. 슬럼프를 겪고 있는 그에게 프로 무대에서 실력을 유지할 기회가 주어진 것만 해도 불행 중 다행이었다. 이에 따라 상무팀 입단을 전화위복으로 삼았다.

"어차피 군 복무를 해야 한다면 하루라도 빨리 입대하고 싶다"[3]고 당찬 포부를 밝힌 이동국은 한 달 먼저 상무팀에 들어가 훈련을 시작했다. 광주 상무가 K리그에 처음 참여하는 상황에서 프로 경험을 가진 이동국의 합류는 상당한 비중을 차지했다. 광주 상무는 이동국에게 3일간 군사 기본 교육만 받고, 신병 교육은 시즌이 끝나는 시점으로 연기해준다. 시즌 초반에 "6주간 군사 훈련을 소화하면 제 기량을 찾는 데 오랜 시간이 걸리기 때문"이라고 까닭을 설명했다.[4]

광주 상무로 이적한 첫해(2003) K리그에서 11득점을 올렸다. 올스타전마다 맹활약한 이동국은 2003년에도 MVP를 거머쥐었다. 시즌 막바지가 가까워진 8월 즈음에 갑자기 발가락 피로 골절 부상을 당했다. 한 달 만에 깁스를 풀었지만 물리 치료와 재활 훈련이 길어지며 시즌 아웃으로 경기에 나설 수 없게 된다.[5] 잦은 부상 탓인지 이듬해 시즌(2004)에는 K리그 열아홉 경기에 출전해 단 한 골에 그치고 말았다.

광주 상무 시절 이동국.
ⓒ 광주 상무

[2] 「김도훈, 이동국 '시련의 연속'」, 『연합뉴스』, 2002년 11월 11일.

[3] 「이동국 어제 군입대 논산훈련소 거쳐 '상무'로」, 『문화일보』, 2003년 3월 11일.

[4] 「이동국, 10일 군 입대」, 『연합뉴스』, 2003년 3월 5일.

[5] 「이동국, 부상으로 시즌 마감」, 『연합뉴스』, 2003년 10월 2일.

제2의 전성기, 2004 아시안컵과 2006 월드컵

3

이동국이 광주 상무에 입단한 2003년에 움베르트 코엘류가 성인 대표팀 감독직에 올랐다. 코엘류호 1기에 포함된 이동국은 한 차례 친선 경기에 나섰을 뿐, 코엘류 감독 재임 1년 2개월 동안 대표팀에 발탁되지 못한다. 코엘류 감독은 2004 아시안컵 예선과 2006 독일 월드컵 아시아 지역 예선에서 부진한 탓에 비교적 일찍 지휘봉을 내려놓았다. 대한축구협회는 그 자리에 조 본프레레 감독을 앉힌다. 이 결정은 이동국에게 행운을 가져다준다.

2003년 4월 16일 한일전 이후, 2004년 7월 10일 바레인과 경기에 출전하면서 1년 3개월 만에 대표팀에 모습을 드러낸다. 본프레레 감독은 아시안컵 본선을 10일도 채 남겨두지 않은 상황에서 단 두 번의 평가전●을 가졌는데, 모두 이동국을 풀타임 출전시켰다.

종전 대회 득점왕을 차지할 만큼 아시안컵과 인연이 깊던 이동국은 2004년에도 좋은 기량을 펼쳤다. 조별리그와 8강, 총 네 경기에 출전해 4득점을 올리며 대표팀 내 가장 많은 공격 포인트를 기록했다.●● 대회 득점 순위도 단독 2위에 올랐다. 그러나 대표팀은 2002 아시안게임에 이어 이란을 상대로 또다시 무릎 꿇고 말았다. 4강에 진출했다면 두 번째 아시안컵 득점왕을 차지했을지도 모른다.

이동국은 세기말 한국 축구의 희망이면서 동시에 어린 나이부터 패배에 대한 책임과 비난을 혼자 짊어져야 했다.

● 앞서 말한 7월 10일 바레인전과 14일 트리니다드토바고와 평가전을 가졌다. 2004 아시안컵 본선 첫 경기는 7월 19일 요르단이었다.

●● 이동국 4득점, 안정환 2득점, 차두리, 설기현, 김남일이 각각 1득점씩.

2002 월드컵 명단 제외, 군 입대 등 부진을 거듭하며 더 큰 비난과 조롱에 시달렸다. 경기를 잘해도 '게으른 천재', '아시아용 선수' 등 부정적인 수식어가 늘 따라다녔다. 그랬던 그가 2004 아시안컵을 기점으로 자신에게 향한 거센 비판을 기대로 바꿔 놓는다.

아시안컵 여세를 몰아 월드컵 아시아 지역 2차 예선과 최종 예선까지 출전했다. 2006 독일 월드컵을 앞두고 대표팀에 꼭 필요한 선수로 자리매김한다. 본프레레 감독이 물러나고 2005년 10월부터 딕 아드보카트 감독이 선임된 상황에서도 이동국은 흔들리지 않고 기량을 유지했다.

이쯤에서 독일 월드컵 예선과 친선 경기 활약상을 짚어보자. 2004년 7월 아시안컵이 끝나고 9, 10, 11월에 한 차례씩 열린 2차 예선에 나와 두 골을 넣어 최종 예선 진출을 도왔다. 12월 19일 부산아시아드주경기장에서 가진 독일과 친선 경기에서는 자신의 상징이 된 발리슛을, 세계 최고 골키퍼 올리버 칸을 상대로 꽂아 넣었다. 대표팀은 이날 국내파 위주로 구성된 반면 독일은 올리버 칸을 비롯해 필립 람, 슈바인슈타이거, 미하엘 발락, 클로제 등 최정예 멤버로 나섰다. 수준 높은 팀을 상대로 완벽한 경기력과 3:1 대승을 거둔 이 경기는 평가전 이상의 의미를 가졌다. 그중 이동국이 보여준 발리슛은 화제의 중심이었다.

2005년 2월에서 8월까지 이어진 월드컵 최종 예선은 총 여섯 경기 중 다섯 경기에 출전하여 3득점(PK 1득점)을 뽑아냈다. 드디어 부진의 늪에서 빠져나와 제2의 전성기를 구가한다. 2005년 군 복무를 마치고 친정팀 포항 스틸러스로 복귀했고, 12월 18일에는 결혼식을 올리며 선수 생활을 떠나 개인적으로 가장 행복한 시간을 보낸다.

그러나 예기치 못한 큰 시련이 닥쳐온다. 2006년 4월 5일 포항 스틸야드에서 펼쳐진 K리그 인천 유나이티드와 경기에서 후반 38분 패스를 받으러 달려가다 방향 전환한 순간, 무릎이

● 2006 독일 월드컵 2차 예선과 최종 예선을 통틀어 단 한 경기, 사우디아라비아전에 빠졌다. 이때 이동국은 맹장염 수술을 받았다. 그리고 예선 중간에 여섯 차례 친선 경기(독일전 포함)와 동아시안컵 세 경기를 가졌다. 친선 경기 두 차례를 제외하고 모든 경기에 나섰을 만큼 확실한 주전 입지를 다졌다.

상무축구단에서 전역하고 다시 포항 스틸러스로 복귀했다. ⓒ 포항 스틸러스

틀어지는 치명적인 부상을 당하고 그라운드에 쓰러진다.[1] 상대 선수에 의한 부상이 아니었다는 점에서 앞서 언급된 혹사의 여파가 전혀 없다고 말하긴 힘들다.

들것에 실려 나간 뒤 오른쪽 무릎 전방 십자인대 '부분 손상'이란 진단을 받았다. 2개월밖에 남지 않은 독일 월드컵까지 회복이 가능하다는 게 주된 의견이었다. 하지만 4월 9일 서울아산병원에서 받은 2차 검사에서는 '십자인대 파열'이라는 악화된 진단이 나와 모두를 놀라게 했다. 대한축구협회 윤영설 의무분과위원장은 "우측 무릎 관절에 물이 약간 고여 있고 미세 출혈이 있는 상태"라고 밝혔다. "치료 방법은 두 가지인데, 수술을 택하면 월드컵 출전이 불가능해지기 때문에 재활 치료를 하는 쪽으로 방향을 정했다"[2]고 소견을 전한다. 이처럼 이동국은 작은 희망이라도 있다면 월드컵에 뛰길 원했다.

2차 검사 이틀 뒤, 프랑크푸르트에 위치한 '스포렉 스포츠 재활센터'를 방문하기 위해 4월 12일 독일로 출국한다. 다음날 도착한 이동국은 라인하르트 괴벨 박사와 디터 에리히 박사에게 정밀 검사를 받은 결과, 인대가 완전히 손상되어 수술이 불가피하게 되었다.[3] 독일 월드컵 공식 지정 병원 '배게운팔 클리닉'에서 4월 19일 전문의 야거 박사의 집도로 3시간에 걸쳐 수술을 받았다.[4] 6개월여 회복 기간이 필요해짐에 따라 8년을 기다려온 월드컵은 끝내 물거품이 되고 말았다.

부상에서 수술까지 걸린 시간이 보름 남짓이었다. 이동국의 심적 충격은 클 수밖에 없었다. 2차 검진을 받고 나서도 인터뷰에 쉽게 응하지 못할 정도였으니 말이다. 독일 출국 때 동행한 에이전시 이반스포츠 이영중 사장은 "수술해야 한다는 사실에 못 견뎌 했다"[5]라고 그의 심리 상태를 전했다. 수술 받고 마음을 추스른 이동국은 미니 홈페이지(싸이월드)에 덤덤한 심경의 글을 남겼다. "후회는 없다"는 말과 함께 "부상으로

●● 1차 검사는 경기 당일 밤, 8일 날 팀 지정 병원인 포항세명기독병원에서 받았다.

[1] 「이동국, 오른 무릎 부상… '또 월드컵 악몽?'」, 『스포츠조선』, 2006년 4월 5일.
[2] 「이동국, 무릎 인대 파열… 월드컵 출전 불투명」, 『연합뉴스』, 2006년 4월 10일.
[3] 「이동국, 월드컵 포기 '수술 결정'」, 『오센』, 2006년 4월 13일.
[4] 「이동국, 수술 일정 19일로 확정」, 『스포탈코리아』, 2006년 4월 14일.
[5] 「이동국, 내주 독일서 수술… 월드컵행 좌절」, 『연합뉴스』, 2006년 4월 13일.

심각한 부상으로 일어서지 못하는 이동국. ⓒ 연합뉴스

독일 땅을 밟는 일은 생각도 못 했다"며 "인정하긴 힘들지만 받아들일 수밖에 없다"고 말했다. 그는 글 말미에 부모님과 내조해준 아내에 대한 고마움도 잊지 않았다.

이동국의 부상은 축구팬뿐만 아니라 전 국민 모두 안타까워했다. 대한축구협회 공식 후원사 KTF(현 KT)는 이동국 육성이 담긴 TV 광고를 제작했다. 화면에는 이동국의 얼굴과 훈련 장면이 나오며 웨스트라이프 〈유 레이즈 미 업(You Raise Me Up)〉이 배경 음악으로 깔린다. 이때 내레이션이 나온다.

"8년을 기다렸습니다. 꼭 뛰고 싶었습니다. 비록 그라운드는 아니지만, 4,800만 붉은악마와 함께 더 뜨겁게 뛰겠습니다. 사랑합니다. 꼭 이겨주십시오!"

힘든 시기를 보내는 와중에 광고를 승낙한 이유는 콘티를 보니 자기 생각과 처지를 잘 대변해주었기 때문이라고 밝힌다.●6 진심이 전해졌기 때문이었을까? 당시 박지성, 이영표 등 축구 스타가 월드컵에 맞춰 TV 광고에 출연했지만 화제를 모은 건 이동국의 내레이션이었다.

월드컵이 시작된 2006년 6월에도 재활 치료를 위해 개최지 독일에 머물렀다. 대표팀의 첫 번째 경기 한국 대 토고가 이동국이 머문 '스포렉 스포츠 재활센터'와 같은 지역, 프랑크푸르트에서 열린다. 이동국은 경기 전날 아내와 함께 대표팀 숙소를 방문하여 선수들을 격려했다.

수술한 지 2개월 된 이동국은 토고전이 열린 코메르츠방크 아레나 관중석 3층에서 경기를 지켜봤다. 이천수의 프리킥골과 동점 상황에서 안정환의 결승골로 1승을 챙겼다. 이 승리는 월드컵 본선 원정 첫승의 의미를 가지고 있다.

선제골을 넣은 이천수는 주먹을 입술에 댄 후, 검지 손가락을 하늘로 치켜세우는 세레모니를 펼쳤다. 그 즈음에

● 내레이션은 이동국이 머문 독일에서 녹음하고 국내로 공수해왔다. 녹음을 아침에 진행해 잠긴 목소리로 나왔다. 광고 분위기가 더 살았다고 한다.

6 이동국, 『세상 그 어떤 것도 나를 흔들 수 없다』, 나비의 활주로, 2013년, 40쪽.

이동국이 즐겨 하던 세리머니를 흉내 낸 것으로, 월드컵에 합류하지 못한 이동국에게 작은 위로가 되어주었다.

대표팀은 2차전 프랑스와 1:1 무승부, 3차전 스위스와 대결에서 0:2로 패배하며 조별리그 1승 1무 1패로 16강 진출에 실패한다. 괜찮은 성적을 거둔 대표팀이나 관중석에서 경기를 지켜본 이동국이나 모두에게 기대와는 다른 허무한 월드컵이 이렇게 막을 내렸다.

이동국은 부상 경과에 따라 4개월 내 복귀도 기대했지만 결국 10월을 목표로 재활에 박차를 가한다. 또한 비자 문제로 인해 한국과 독일을 오가기도 했다. 10월 29일 K리그 12라운드 포항 스틸러스 대 수원 삼성 경기에서 마침내 복귀전을 가졌다. 팀이 2:0으로 앞선 후반 23분, 외국인 공격수 프론티니와 교체돼 그라운드에 들어왔다.

이동국의 해외 진출   4

대한축구협회가 "유럽 진출만이 2002 월드컵에서 살아남는 길"이라며 월드컵 성공 개최와 성적을 위해 '유망주 해외 진출 프로젝트'를 감행한다.[1] K리그 대다수 구단이 반대했던 이 프로젝트는 2000년에 설기현이 벨기에 주필러리그 로열 앤트워프로 이적, 안정환이 이탈리아 세리에A 페루자로 임대되어 꽤나 성공적이었다. 이동국은 2001년 독일 분데스리가 베르더 브레멘에 임대를 떠나 설기현, 안정환에 이어 (프로젝트 기준) 세 번째 유럽 해외파 선수가 된다. 대한축구협회가 나서서 해외 진출을 적극 돕던 시절이라 이동국은 베르더 브레멘에 가기 전부터 여러 이적설이 나왔다.

첫 번째 이적설은 이탈리아 페루자행이다. 여러 기사가 나와 임대가 기정사실로 받아들여졌지만, 페루자 측에서 무릎 부상을 문제 삼아 낮은 연봉을 주려 해 끝내 무산된다.[2] 두 번째 이적설은 잉글랜드 아스톤 빌라다. 임대가 아닌 완적 이적으로 입단 제의가 있었다. 그 외에도 대한축구협회 주도하에 스페인 레알 오비에도 이적을 추진했다. 그러나 포항 스틸러스가 "헐값에 간판스타를 보낼 수 없다"며 거부한 바 있다.[3]

시행착오 끝에 이동국은 독일행을 결정지었다. 베르더 브레멘은 2000년 1월 11일 공식 홈페이지를 통해 "스트라이커 이동국과 6개월 임대 계약했다"며 "터키 전지훈련에 참여한다"고 밝혔다. 한국인 독일 분데스리가 진출은 1979년 차범근-프랑크푸르트, 1980년 박종원-카이저슬라우테른,

[1] 「대한축구협회, 유망주 해외진출 강행」, 『국민일보』, 2007년 7월 12일.
[2] 「인생의 중요한 시기마다 부상에 신음한 라이언킹」, 『스포탈코리아』, 2006년 4월 14일.
[3] 「英 아스톤 빌라, 이동국에 '훝'」, 『국민일보』, 2000년 11월 7일.

1981년 박상인-뒤스부르크, 1992년 김주성-보훔에 이어 다섯 번째 기록이다.[4]

유망주 해외 진출 프로젝트 1호 선수였던 설기현은 계약 조건이 좋았다. 입단 1년 후 원하는 팀에 갈 수 있는 자유 이적 옵션이 추가되어 있었다.[5] 충분한 시간을 갖고 스물다섯 경기 출장, 10득점을 올린다. 다음 시즌 벨기에 명문팀 안더레흐트로 가는 성과를 이뤄냈다. 부상 회복 단계에 있던 이동국에게 6개월 임대는 너무 짧았다. 기량을 찾는 데만 시간을 전부 할애했다. 분데스리가 일곱 경기 출장에 그쳤다. 결국 활약이 미미해 계약 연장에 실패했고 반년 만에 K리그로 복귀하는 아쉬운 행보를 남겼다.

이동국은 2006년 무릎 십자인대 파열이라는 큰 부상을 겪었지만, 시련에 굴복하지 않고 2007년 두 번째 해외 진출을 계획한다. 1월 7일 극비리에 영국으로 출국,[6] 잉글랜드 프리미어리그 미들즈브러 훈련 참가 겸 입단 테스트를 받았다.[7] 한국인 프리미어리거 1, 2호인 박지성과 이영표는 네덜란드 에레디비시에서 뛴 경험을 바탕으로 입단 테스트 없이 각각 맨체스터 유나이티드와 토트넘 홋스퍼에 이적했다. 반면 이동국은 유럽 활동이 끊겼을뿐더러 월드컵 같은 국제 대회도 1998년 이후 나서지 못한 상태였다. 따라서 입단 테스트가 꼭 필요한 상황이었다.

국내에서는 '입단 테스트'를 놓고 '국가대표 이동국이 해외에서 검증 절차를 받아야 한다'는 점에 거부감을 가졌다. 축구 해설위원 서형욱은 "이동국이 대표팀 생활을 오래 했지만 잉글랜드 관계자는 그를 잘 모른다"며 "검증받는 게 당연하다"고 설명한다. 덧붙여 "잉글랜드 구단에서 먼저 테스트를 요청했다면 정확한 몸 상태를 지켜보고 이적료와 몸값을 책정하려는 경우가 대부분"이라서 "입단 테스트를 무작정 거부할 이유가 없다"고 말했다.[8]

[4] 「이동국, 獨 브레멘 간다」, 『국민일보』, 2001년 1월 11일.
[5] 「설기현, 벨기에 1부 리그 등록」, 『연합뉴스』, 2000년 8월 7일.
[6] 「이동국 측 "조심스럽게 진행하고 싶다"」, 『스포탈코리아』, 2007년 1월 15일.
[7] 「이동국, 英 축구 미들즈브러 입단 타진」, 『연합뉴스』, 2007년 1월 13일.
[8] 「해외선 당연한 검증절차 국내선 무명대접 거부감」, 『스포츠경향』, 2007년 1월 15일.

당시 이동국 에이전시, 일레븐매니지먼트코리아 측이 출국 사실을 늦게 밝힌 까닭은 테스트 결과에 따라 선수 이미지가 깎일 수도 있었기 때문이다. 이동국은 손해를 감수할 만큼 해외 진출 의지가 남달랐다. 그의 도전 정신을 높게 살만한 근거다.

입단 테스트 하는 동안 이동국은 좋은 평가를 끌어낸다. 2007년 1월 16일, 미들즈브러 공식 홈페이지에 이동국과 계약을 앞두고 있다는 기사가 나왔다. 미들즈브러 개러스 사우스게이트 감독은 "그의 좋은 면을 봤다"며 "풍부한 국제 경험을 갖춘 스트라이커"라고 말한다. 이어서 "2006 월드컵을 앞두고 당한 부상만 아니었다면 주전 공격수로 나섰을 선수"라고 소개했다.[9]

말 그대로 계약만 앞뒀을 뿐, 소속팀 포항 스틸러스와 미들즈브러 간 '이적료 협상' 문제가 남아 있었다. 포항은 국내 최고 스트라이커다운 이적료를 받아야 한다고 생각했다. 반면 미들즈브러는 계약 2개월이 남은 이동국의 이적료가 거의 없다고 알고 영입을 추진했다.[10] 때문에 두 구단의 상반된 입장 차이를 좁히는 일이 관건이었다.

포항 스틸러스는 선수 발전을 위해 해외 진출을 적극 도와야 한다는 당시 여론을 수용한다. 이적료 없이 미들즈브러로 보내되, 계약이 만료되면 포항에 복귀한다는 조건과 미들즈브러에서 다른 팀으로 옮길 경우 발생하는 이적료를 두 구단이 반반씩 나눠 갖는 조건도 달았다. 그렇게 난항이 예상되던 계약 문제는 생각보다 쉽게 해결됐다. 1월 21일 이적 합의에 성공하고 23일 모든 계약을 완료했다.[11] 이동국은 박지성, 이영표, 설기현 다음으로 네 번째 한국인 프리미어리거가 되는 결실을 보았다.

2007년 2월 24일에 데뷔전을 가진다. 미들즈브러 홈 경기장 리버사이드 스타디움에서 펼쳐진 2006-07시즌 프리미어리그 28라운드 레딩전에 출전했다. 미들즈브러가 2:0 앞선 상황에 이동국은 후반 40분 야쿠부와 교체되어 추가 시간 포함 9분간

[9] 「이동국, 미들즈브러 입단 임박… 구단 홈페이지 전격보도」, 『스포탈코리아』, 2007년 1월 16일.
[10] 「포항, 이동국 미들즈브러 입단 해법 고민」, 『스포츠조선』, 2007년 1월 17일.
[11] 「이동국, '무상이적' 가닥… 계약 종료후 포항 복귀」, 『스포츠조선』, 2007년 1월 22일.

잉글랜드 프리미어리그 진출 후, 발행된 포토카드.

뛴다. 다우닝의 크로스를 받아 왼발 발리슛으로 골포스트를 맞추는 장면을 연출했다. 득점과 가까운 활약을 펼친 데뷔전은 국내뿐만 아니라 현지에서도 칭찬 일색이었다. 스포츠 전문 채널인 『스카이스포츠』는 뒤늦게 들어온 선수치고는 후한 평점 7점을 줬고, 미들즈브러 공식 홈페이지에서 실시한 레딩전 '맨 오브 더 매치(Man of the Match)' 투표에서는 14.3퍼센트의 지지를 받아 3위에 올랐다.[12]

미들즈브러는 FA컵 16강 웨스트브롬위치와 재경기에서 승부차기까지 가는 접전을 펼쳤다. 키커 다섯 명에 이동국이 포함되었다. 이때도 골포스트를 맞춰 골대 불운을 이어간다. 다섯 경기가 지나서야 선발 출전한 3월 18일 30라운드 맨체스터 시티와 경기에선 『스카이스포츠』가 플레이에 '힘이 부족했다(Lacked Strength)'는 평을 남기고 5점을 부여했다.[13]

득점 해결을 못 한 이동국은 그다음부터 많으면 30분, 적으면 경기 종료 직전 출전이 고작이었다. 경기력마저 침체됐다. 그 후로도 2군과 주전을 오가며 시즌 총 11회 출장 기회를 얻었다. 그러나 데뷔골은 끝내 터져주지 않았다.

이동국은 입단하고 데뷔하기까지 한 달이 소요되었는데, 그 사이 몸 상태가 안 좋았다. 2월 18일 경기에서 사우스게이트 감독은 "경미한 허벅지 부상으로 며칠간 훈련을 받지 않았다"며 "지금은 훈련에 합류했지만 당장 경기에 나서지 못한다"[14]고 전했다. 2월 23일이 되어 2군 경기에 겨우 출전해 잉글랜드 무대에 처음 모습을 드러냈고,[15] 24일 마침내 데뷔전을 가질 수 있었다. 만약 데뷔전 발리슛이 들어갔다면 이렇게까지 부진을 겪지 않았을 공산이 크다. 연속된 득점 기회를 놓치며 더욱 초조해져만 갔다. 골대 불운은 이동국의 운명을 바꿔놓았다.

• 골대 불운은 다음 시즌에도 이어졌다. 10월 1일 8라운드 에버턴전에서 시도한 헤더가 크로스바를 맞고 나왔다.

게다가 2007-08시즌을 앞둔 프리 시즌 기간에는 2007 아시안컵 대표팀에 호출되었다. 리그 개막을 앞두고 팀에

12 「이동국, 레딩전 MVP 투표 3위」, 『조이뉴스24』, 2007년 2월 25일.

13 「이동국, 데뷔 첫 선발… 평점 5점」, 『뉴시스』, 2007년 3월 18일.

14 「이동국, 셀 데뷔전 불발… 경미한 부상」, 『연합뉴스』, 2007년 2월 17일.

15 「이동국 '英무대 데뷔전' 맨유 2군전서 45분 출전」, 『조이뉴스24』, 2007년 2월 23일.

적응할 기회조차 없었다.● 또 왼쪽 무릎 통증이 있던 터라 대표팀 합류가 어렵다는 의사 표명을 거듭했지만,[16] 이렇다 할 대체 공격수가 없자 이동국을 차출하게 된다. 2000, 2004 아시안컵과 반대로 2007년 대회에는 단 한 경기에서도 골을 기록하지 못했다.

 나름 미들즈브러가 이동국에게 충분한 시간을 줬던 만큼 부상이 부진에 대한 모든 변명이 될 수는 없다. 분데스리가 진출 때보다 조건도 더 좋았다. 1년 6개월이라는 시간과 활약에 따라서는 1년 더 계약 연장도 가능했으니 말이다. 이동국은 2007-08시즌 FA컵과 리그컵에서 각각 한 골씩 기록했을 뿐, 끝내 프리미어리그 골은 추가하지 못했다. 두 번째 해외 진출마저 실패로 끝나고 만다.

● 유튜브 축구 채널 〈한준희 장지현의 원투펀치〉 430회 1부 '라이언 킹' 이동국 선수의 은퇴 특집 편에서 축구 해설위원 장지현은 프리시즌 훈련 불참으로 이동국이 동료와 호흡할 시간이 부족했고, 골마저 없자 좋은 위치 선정을 해도 동료에게 패스를 받지 못했다고 한다. 덧붙여 해설위원 한준희도 지금과 같은 축구계 환경이었다면 (아시안컵이 중요도가 높지만) 차출하지 않고 소속팀 적응을 기다려줬을 거라고 답했다.

16 「베어벡 "이동국, 100% 상태 아니면 아시안컵 불가"」, 『연합뉴스』, 2007년 6월 12일.

이동국과 등번호 5

데뷔 직전까지만 해도
등번호 33번을 배정받았다.
ⓒ 포항 스틸러스

대학 진학과 프로 입단을 두고 고민하던 시기에 포항 스틸러스 구단 관계자가 비어있는 33번 유니폼을 선물해주기도 했다.[1] 앞서 언급한 것처럼 이동국은 포항에 입단, 홍명보의 등번호 20번을 물려받는다.

세계 축구 흐름을 보면 20번은 그다지 선호하지 않는다. 과거에는 주전 열한 명 선수가 1번부터 11번을 포지션별로 지정받았기 때문에 그보다 높은 순번은 후보 선수를 뜻했다. 이동국에게 20번을 물려준 홍명보도 신인 시절 주전이 모두 가져가고 남은 숫자 중 하나를 고른 것이다.[2] 황선홍의 18번도 같은 맥락이다. 이 둘의 영향으로 지금까지 한국 축구는 공격수에게 18번을, 수비수에게 20번을 주는 경향이 뚜렷하다.

홍명보가 일본 J리그 생활을 마치고 포항에 복귀한 2002년, 이동국은 홍명보에게 20번을 돌려주고 10번을 단다. 10번은 고교 시절 등번호이기도 하고 군 복무로 두 시즌을 보낸 광주 상무 때도 한 시즌 사용한 바 있다. 이처럼 등번호를 물려받다 보니 홍명보와 대표팀 명단에 함께 포함될 경우 20번을 양보해야 했다. 그래서 1998 프랑스 월드컵에서 21번, 2000 북중미 골드컵에서는 19번을 달았다. 2000 아시안컵 역시 번호가 겹치자 11번을 선택했다. 11번은 2000 시드니 올림픽 때도 사용한 번호다. 21번은 독일 진출 때 달았다.

히딩크 감독 부임 이후에는 많은 선수를 기용하고 시험하며 주전 경쟁이 치열했다. 그만큼 등번호도 뒤죽박죽이었다.

[1] 이동국, 『세상 그 어떤 것도 나를 흔들 수 없다』, 나비의 활주로, 2013년, 178~179쪽.
[2] 홍명보, 『영원한 리베로』, 은행나무, 2002년, 166쪽.

이동국은 홍명보가 발탁되지 않은 2002 골드컵에서 22번을 받았고 20번은 차두리가 차지했다. 18번이 상징인 황선홍도 마찬가지로 이 대회에서 10번을 달고 뛰었다. 이동국이 히딩크 감독 체제에서 마지막 출전한 2002년 3월 13일 튀니지전은 너무나도 생소한 17번을 달고 그라운드를 누볐다. 그나마 22번은 프리미어리그 도전 후 K리그로 복귀한 2008년, 성남 일화 소속으로 잠깐 달았다. 그 외 부자연스러운 번호는 2007 아시안컵에서 배정받은 12번이 있다.

이동국은 홍명보의 등번호를 이어받아 그에 대한 존경심을 자주 나타냈다.[3] 그러나 수비수 홍명보와는 등번호 말고 딱히 공통점이 없다. 오히려 스트라이커 계보를 잇는 황선홍과 1998 프랑스 월드컵에서 같은 방을 쓸 정도로 밀접했다.[4] 게다가 이동국과 황선홍은 각각 2006 월드컵, 1998 월드컵 직전 부상을 당해 경기에 뛰지 못한 아픔도 닮았다.

● 2000년 2월 17일 코스타리카전에서 이동국의 A매치 첫 골을 어시스트한 것도 황선홍이다.

황선홍은 2002 월드컵 이후 대표팀 은퇴를 선언할 때 "동국이가 월드컵에 승선하지 못해 마음이 아팠다"[5]고 말한다. 2006년 부상으로 월드컵에 나서지 못할 땐 "오직 치료와 재활에만 온 힘을 쏟고 긍정적인 마음을 가지라"[6]고 경험에서 우러나온 조언을 아끼지 않았다. 이에 보답이라도 하듯 이동국은 미들즈브러에서 20번을 달지 못하자 등번호 18번을 주저 없이 선택한다.

인연은 여기서 그치지 않는다. 1999 세계 청소년 축구선수권대회도 18번을 달고 뛰었다. 물론 최종 명단 열여덟 명 기준, 1번부터 18번까지만 고를 수밖에 없었던 까닭도 있다. 하지만 공격수가 주로 선호하는 11, 10, 9번을 제외하고 18번을 달았던 일은 황선홍을 염두 했기 때문이다. 스트라이커 계보를 이어간다는 의미가 내포되어 있다.[7] 덧붙여 K리그 올스타와 J리그 올스타 간 대결이었던 2009 조모컵에서도 1번부터 19번만 선택 가능해 18번을 달았었다.

3 「이동국, 초등학교 때 육상 3관왕」, 『중앙일보』, 2010년 5월 23일.
4 이동국, 같은 책, 188쪽.
5 「태극마크 반납 선언 황선홍」, 『연합뉴스』, 2002년 5월 28일.
6 「황선홍 "동국아 힘내" 위로의 말 전해」, 『마이데일리』, 2006년 5월 26일.
7 「이동국과 18번, 두 번째 만남의 시작」, 『스포탈코리아』, 2007년 2월 1일.

미들즈브러에서는 18번을 고른 일 외에도 이름 표기에 대한 재미있는 일화가 있다. 2000년대 중반 해외 진출에 성공한 선수들 이름 표기는 박지성 'J. S. PARK', 이영표 'Y. P. LEE'가 일반적이었다. 이동국이 프리미어리그에서 'D. G. LEE' 또는 'LEE'로 표기하면, 이영표와 똑같이 '리(LEE)'로 불리게 되는 문제가 생긴다. 더군다나 미들즈브러 팀 동료 중 리 캐터몰이란 선수가 있었다. 결국 차별화를 두기 위해 '동국(DONG-GOOK)'을 유니폼에 새겼다.[8] 때문에 미들즈브러 홈페이지에서는 "길거리에서 이동국을 만날 경우 '리'라고 부르면 결례"라며 '동국'이라 불러 달라고 팬들에게 당부한 바 있다.[9]

이동국은 언급된 일을 제외하면 선수 생활 대부분 20번을 달았다. 홍명보가 은퇴한 뒤로는 대표팀 20번 자리는 늘 그의 몫이었다. 시간이 흐르면서 홍명보의 후광도 벗어난 지 오래. 20번은 고유한 상징이 됐다.

"특별히 의식하고 뛰진 않았다. 똑같은 몸, 똑같은 정신, 똑같은 볼을 차지만 20번을 달지 않으면 플레이가 잘 안 된다"며 "그래서 20번이 더 소중하다"[10]고 이동국은 말한다.

8 「보로打 이동국, '리' 아닌 '동국'으로 부른다」, 『스포탈코리아』, 2007년 2월 1일.

9 「"빼까링 '동국' 왜?" 이영표 등과 차별과 구단 배러」, 『스포츠조선』, 2007년 2월 1일.

10 「'등번호 20번'과 함께 찾아온 이동국의 사자후」, 『스포탈코리아』, 2009년 5월 4일.

2008-

말년에 꽃피운
제3의 전성기

K-League Legend

Lee Dong-Gook

2020

Minority Press

전북 현대 이적과
K리그 우승

이동국은 2007-08시즌을 끝으로 미들즈브러와 계약이 만료되었다. 네덜란드, 벨기에, 스위스 클럽과 계약 협상을 벌이며 유럽 잔류를 희망했지만 실현되진 못했다.[1] 여전히 아시아에서는 그를 원하는 팀이 상당했다. 일본 J리그 교토 상가, 제프 유나이티드 등 다수 구단이 관심을 보였다. 그런데도 이동국은 유럽이 아니라면 국내 복귀를 우선순위로 고려했다.[2]

포항 스틸러스는 미들즈브러와 계약할 때, 이동국이 K리그로 돌아오면 친정팀에 복귀하도록 명시했다. 미들즈브러와 계약 만료 6개월을 앞둔 2008년 1월에 포항은 미리 협상 테이블을 마련한다. 당시 이동국도 포항 복귀에 합의했다가 마음을 바꿔 미들즈브러 잔류, 프리미어리그 도전을 계속하고 싶어 해 포항과 계약 및 복귀가 전면 중단되었다.[3]

미들즈브러에서 남은 시간 동안 경기에 나서지 못한 채 이동국은 계약이 끝나고 말았다. 2008년 6월 30일 자로 자유계약 선수가 된다. '친정팀 복귀'는 계약 기간일 때 성립되는 조건일 뿐, 만료 시점에는 적용되지 않았다. 그 결과 포항 스틸러스가 아닌 성남 일화로 이적한다.

이동국이 포항 스틸러스로 복귀하지 않은 데에는 연봉 협상 문제가 가장 크게 작용했다. 자유계약 선수 신분이라 이적료는 발생하지 않았다. 다만 선수가 원하는 연봉이 구단 입장에서 액수가 높았다. 이동국은 미들즈브러를 제외하고 베르더 브레멘, 광주 상무가 모두 임대였다. 그 사실을

[1] 「몸값 10억원… J리그 진출 끝내 불발」, 『동아일보』, 2008년 7월 23일.

[2] 이동국, 『세상 그 어떤 것도 나를 흔들 수 없다』, 나비의 활주로, 2013년, 125쪽.

[3] 「'미들즈브러' 이동국, 포항 유턴 불발 왜?」, 『스포츠조선』, 2008년 2월 28일.

떠올리면 포항에서만 선수 생활을 보낸, 긴 인연이었다. 포항 입장은 프랜차이즈 선수를 놓치고 싶지 않았다. 한편으로는 해외 실패 사례를 감안해 높은 연봉을 책정하긴 어려웠다. 이동국이 전성기 시절 대표팀에 머물러 팀 내 활약이 적었던 점과 이제 나이도 찼다는 점을 무시할 수 없었다.

이 과정에서 이동국은 더욱 좋은 조건을 제시한 성남 일화와 1년 5개월 계약을 맺는다. 하지만 새로운 곳에서도 부진은 여전했다. K리그로 복귀한 첫해(2008), 성남 일화에서 3개월 동안 열세 경기 출전, 단 2득점 2도움이란 부진을 겪었다. 시즌이 끝나고 성남 일화는 김학범 감독 대신 신태용 감독을 선임해 젊은 팀으로 쇄신을 꾀한다. 외국인 선수를 포함해 김상식, 박진섭 등 비교적 나이가 찬 선수를 내보내고 팀 재건에 나섰다. 이동국도 계약 기간 1년이나 남은 상황에서 설 자리를 잃었다.

성남 일화 시절 이동국.
© 성남FC

성남에 부임한 신태용 감독의 결단은 단호했다. 선수 영입을 위해 호주로 갔던 신 감독은 입국 하루 만에 이동국을 내보내기로 한다. 이동국도 "부진에 대해 스스로 인정한다"면서도 "구단 환경과 팀 색깔 등 여러 가지 면이 나와 맞지 않는다"며 "다른 팀에서 다시 시작하고 싶다"고 확고한 의사를 표현하기에 이른다.[4]

부진에도 불구하고 이동국은 여전히 K리그를 대표하는 선수임에는 변함없었다. 전북 현대 최강희 감독의 부름에 따라 금방 팀을 찾는다. 대신 이번에는 몸값에 있어서 한발 물러서야 했다. 성남에서 받았던 연봉에 비해 낮게 측정됐고, 전북 현대 구단과 합의하에 금액은 공개하지 않기로 했다.[5] 금전적 이익을 좇기보단 선수로서 실리를 추구한 선택이었다.

이동국은 이미 성남을 떠나기로 한 상태라서 이적에 큰 어려움은 없었으나 이적료가 문제였다. 전북 현대와 성남 일화는 여러 차례 이적료 협상 끝에 성남에 있던 이동국과 김상식을, 전북에 있던 홍진섭과 문대성을 서로 맞교환하는 2:2 트레이드로

[4] 「이동국, 성남과 결별…30일 구단 공식 통보」, 『스포츠월드』, 2008년 12월 31일.

[5] 「이동국, 전북 입단 합의…2년 계약」, 『연합뉴스』, 2009년 1월 7일.

문제 해결했다.[6] 79, 76년생인 이동국과 김상식에 비해 홍진섭과 문대성은 각각 85, 86년생으로 비교적 젊은 선수였다. 최강희 감독은 2008시즌에 부진하던 최태욱과 루이스를 재기에 성공 시켜 '재활 공장장'이란 애칭을 얻었지만, 그보다 나이가 많은 이동국과 김상식 영입은 전북팬조차 기대 반 우려 반이었다.

최강희 감독은 전북 주축 공격수였던 조재진을 J리그 감바 오사카로 떠나 보내고, 공석이 된 스트라이커에 이동국을 대체할 계획이었다. 영입 직전 최강희 감독은 이동국에 대해 "자신감과 몸 상태를 끌어올리면 과거 폭발적인 모습을 되찾을 것"이라며 "문전에서 강한 이동국을 위한 전술 개발을 하겠다"[7]고 말한다.

2009시즌 이동국은 감독 믿음에 보답하듯 완벽하게 부활한다. 아니 그보다 더 성장한 모습이었다. 5월 2일에 펼쳐진 K리그 8라운드 제주 유나이티드전과 7월 4일 14라운드 광주 상무전에서 해트트릭을 달성했다. 이동국의 K리그 해트트릭은 광주 상무 소속이던 2003년 5월 4일 부산 아이파크와 대결 이후 6년 만이었다.●[8] 2009시즌 첫 번째 해트트릭은 헤더, 왼발, 오른발로 넣은 '퍼펙트 해트트릭'이었으니 그의 득점 감각은 심상치 않았다.

리그와 FA컵 포함, 다섯 경기 연속 득점에도 성공하며 선수 생활 중 최고점을 향해 갔다. 꾸준한 활약 덕분에 시즌 통산 26득점(리그 21득점)을 넣어 처음으로 20득점 고지를 넘긴다. 이 시점에 이동국의 통산 한 시즌 '두 자릿수 득점' 기록을 살펴보면 1998년 11득점, 2002년 10득점, 2003년 11득점이었다. 그중 리그만 따졌을 때 두 자릿수를 넘긴 건 2003년이 유일했다.

부활에 성공한 이동국은 'K리그 득점왕'이 됐다. K리그 통산 네 번째로 20득점대를 기록했다는 타이틀도 얻었다. 이동국 이전에 20득점 이상을 넣은 선수는 1989년 포항 스틸러스-조긍연, 1994년 LG 치타스-윤상철, 2003년 성남 일화-김도훈뿐이었다.[9] 그 외에도 여러 수식이 붙었다. K리그 열두 번째 시즌 만에

● K리그 해트트릭은 총 다섯 번 달성했다. 광주 상무 한 번, 나머지 네 번은 전북 현대 소속이다. 추가로 **2011년 9월 27일 아시아 챔피언스리그 세레소 오사카전에서 4골을 넣고 해트트릭을 달성한 바 있다.**

[6] 「이동국·김상식, 전북 동반 입단」, 『오센』, 2009년 1월 10일.

[7] 「최강희 감독 "이동국, 전북 입단 사실상 확정"」, 『스포탈코리아』, 2009년 1월 7일.

[8] 「이동국·조재진 연일 골폭풍, 허정무 감독 신태운」, 『스포츠월드』, 2009년 5월 3일.

[9] 「이동국, 20호골 '득점왕 우뚝'」, 『연합뉴스』, 2009년 11월 1일.

득점왕, 2006년 우성용 이후 3년 만에 국내 선수 득점왕, 김도훈과 에드밀손에 이어 전북 현대 소속 세 번째 득점왕 등이 있었다.[10]

이동국 활약에 힘입어 소속팀 전북 현대도 '정규리그 우승'을 차지했다. 개인 성적과 팀 성적까지 두 마리 토끼를 잡았다. 프로 생활 중 득점왕도 처음이지만 팀 우승도 처음 있는 일이었다. 그러나 'K리그 (통합) 우승'을 위해선 마지막 관문이 남았다. 당시 K리그는 6강 플레이오프를 거쳐 올라온 팀과 정규리그 우승팀이 대결하는 방식이었다. 이동국이 소속된 전북 현대가 챔피언 결정전에서 만약 패하면 지금까지 이룬 업적의 의미가 퇴색되는 상황이었다.

이동국은 아이러니하게도 전 소속팀 성남 일화와 챔피언 결정전에서 만났다. 성남 일화는 6강 플레이오프에서 인천 유나이티드를, 준플레이오프에서 전남 드래곤즈를, 플레이오프에서는 정규리그 2위팀 포항 스틸러스까지 내리 이기며 챔피언 결정전에 진출하는 저력을 보여줬다.

성남 홈에서 열린 챔피언 결정전 1차전은 소득 없이 0:0으로 비겼다. 이동국은 1차전에서 좋은 득점 찬스를 놓쳤고, 2차전을 앞두고는 큰 부담과 조바심을 느꼈다. 이때 빛을 발한 건 최강희 감독의 선수 관리 능력이었다. 2차전을 앞두고 최강희 감독은 이동국에게 전화를 걸었다. "조급하게 생각하지 마라. 어차피 우승은 우리가 하는 거다. 네가 잘해줄 거고 분명히 골도 넣을 수 있다"[11]며 부담감을 덜어주었다. 평소 성과를 올려도 항상 더 큰 기대감에 짓눌려야 했던 이동국에게 자신을 믿어주는 감독의 격려는 형언할 수 없는 큰 힘이 되었다.

최강희 감독의 말처럼 전북은 2차전에서 에닝요의 멀티골과 이동국의 한 골을 보태 3:1로 K리그 우승을 차지한다. 비록 페널티킥 득점이었지만 이동국은 자신의 가치를 몰라본 팀을 상대로 보란 듯이 골을 넣었다. 전북은 이날 승리로 창단 첫 우승을 기록했고, 최강희 감독도 부임 후 첫 K리그 트로피를 들어 올렸다.

10 「프로 12년차 이동국, 첫 득점왕 "가시화"」, 『오센』, 2009년 9월 21일.

11 「"방출 설움" 이동국 "성남, 의식하지 않았다"」, 『노컷뉴스』, 2009년 12월 6일.

최강희 감독은 인터뷰를 통해 "이동국 없이는 정규리그 1위는 어려웠다"며 우승 주역으로 꼽았다. 이어서 "1년간 이동국을 지켜본 결과 게으르지도 않고 의지도 강한 성격"이라며 그를 따라다닌 '게으른 천재'란 수식어가 편견임을 강조했다.[12] 이동국 활약은 시상식에서도 인정받았다. 2009 K리그 MVP, 득점왕, 베스트 일레븐, 축구팬이 선정하는 팬타스틱 플레이어상에 선정되면서 시상식 네 개 부문을 석권했다.

2009년 K리그 MVP 트로피에 입맞춤하고 있는 이동국. ⓒ 연합뉴스

[12] 「최강희 감독 "나도 모르게 오버해서 미안해"」, 「노컷뉴스」, 2009년 12월 6일.

마지막 월드컵   2

돌이켜보면 이동국에게 월드컵 승선의 걸림돌은 소속팀 부진이 가장 컸다. 2002 한·일 월드컵 때 베르더 브레멘에서 출전과 득점 가뭄에 시달렸고 포항 스틸러스로 복귀한 후에도 족적을 남기지 못했다. 2006 독일 월드컵 때는 대표팀 활약이 물올랐지만 사실 소속팀 활약은 미비했다. 2010 남아공 월드컵을 앞둔 2009년은 달랐다. K리그 MVP와 득점왕을 차지한 '국내 최고 스트라이커'라는 수식어를 달고 대표팀 승선 기회를 엿봤다.

    K리그 활약에도 불구하고 당시 대표팀을 이끈 허정무 감독은 이동국에게 "만들어 넣는 골이 많지 않다"며 "더 날카로워져야 한다"[1]고 채찍질했다. 이 말에 전북 현대 최강희 감독은 "활약상을 직접 보지 못해서 하는 말씀"이라며 "FA컵 16강 FC서울전 두 번째 골과 K리그 광주 상무전 세 번째 골을 봤다면 그런 말을 하지 못한다"고 반박했다. 이어서 "메시나 호날두처럼 두세 명 제친 뒤 골을 넣길 바란다면, 그런 선수는 잉글랜드나 스페인에서 찾아야 하는 게 아닌가"[2]라고 반문한다. 최강희 감독은 재치 있게 허정무 감독의 애매모호한 발탁 기준을 지적했다. 한 마디로 K리그 최고 선수라면 대표팀에 들어갈 명분은 충분하다.

    녹록지 않은 과정 끝에 2009년 8월 12일 파라과이와 국내 친선 경기에 출전한다. 2007년 7월 25일 이라크와 아시안컵 4강전 이후 2년 1개월 만에 대표팀 복귀, 2010 남아공 월드컵 승선을 위한 시험대에 올랐다. 단 한 경기를 치른 이동국에

[1] 「뿔난 최강희 "이동국에 대한 편견 버려라!"」, 『스포츠월드』, 2009년 7월 8일.
[2] 『스포츠월드』, 2009년 7월 8일자 같은 기사.

대한 평가는 냉담했다. 허정무 감독은 경기 후 가진 인터뷰에서 "잘했다고 볼 수 없다"고 언급한다.[3] 언론도 호흡 맞출 시간이 적었다고 위로하는 한편 전북 현대 원톱과 대표팀 투톱 체제 차이를 극복해야 할 과제로 꼽았다.[4]

이동국은 대표팀에 차츰 적응해 갔다. 2010년 1월 떠난 남아공 전지훈련에서 현지 2부리그 팀 베이 유나이티드를 상대로 멀티골을 뽑아 3:1 승리를 이끌었다. 비록 정식 기록은 아니지만 1,430일 만에 득점이었다.[5] 2월에는 동아시안컵 세 경기에 전부 나왔다. 총 두 골을 넣어 득점 감각을 되살린다. 이어진 3월 3일 런던에서 열린 코트디부아르와 평가전은 전반 시작 4분, 전매특허인 발리슛으로 골을 넣고 대표팀 두 경기 연속 득점에 성공했다.● 코트디부아르전 발리슛은 2010 남아공 월드컵 최종 명단에 포함되는 결정적 장면이었다.

● 네 경기 기준 세 골을 넣었다.

월드컵을 한달 앞둔 2010년 5월에 이동국이 또다시 부상 당해 전력 이탈한 일이 생겼다. 이때도 허벅지 뒷근육 파열로 재활이 필요한 상황이었다. 언론을 통해 알려진 3주 회복 기간보다 실제로 더 심각했다고 전해졌다. 코트디부아르전 활약이 없었다면 최종 명단 포함은 힘들었다. 두 번의 월드컵을 놓친 이동국은 마침내 불운을 피했다.

12년이 걸려 비로소 월드컵의 한을 풀게 되었지만 이동국의 자리는 협소했다. 조별리그 세 경기 중 단 한 경기, 그것도 1:4로 뒤쳐진 아르헨티나와 대결에서 종료 9분 전 투입된 게 고작이다. 실은 대표팀에 합류한 순간부터 적은 출전 시간은 예견된 일이다. 허정무호에 발탁된 2009년 8월 12일부터 2010년 5월 16일 부상 당하기 전까지 공식 경기 기준, 총 열세 경기 중 열두 경기에 나섰고 풀타임 활약은 두 번에 불과했다.●● 허정무 감독은 2010년 1월 남아공-스페인 전지훈련 당시 이동국과 나눈 대화를 취재진에 공개하기도 했다. 요약하면, 풀타임 출장을 보장해 줄 수 없으니 기회가 생기면 좋은 모습을 보여달라는

●● 2010년 1월 18일 핀란드전과 2월 10일 동아시안컵 중국전.

3 「"엇갈린 운명" 동국·근호… 허실의 이유있는 변심」, 『노컷뉴스』, 2010년 6월 1일.

4 「허정무호 '이동국 효과' 없었던 이유」, 『데일리안』, 2009년 8월 13일.

5 「이동국, "묵혔던 골터졌다" 3-1 전훈 첫승」, 『이투데이』, 2010년 1월 15일.

코트디부아르전 발리슛을 넣고
환호를 받고 있다.
© 연합뉴스

내용이었다.[6] 애당초 이동국에게 주어진 조건은 조커의
역할뿐이었다.

　　대표팀은 이동국이 짧게 출전한 조별리그 2차전
아르헨티나에 대패했지만 1차전 그리스를 2:0으로, 3차전
나이지리아와 2:2 무승부를 거둬 월드컵 원정 첫 16강 진출을
이뤄냈다. 조별리그 3차전은 비겨도 16강에 간다는 이유로
공격보다 수비 비중이 컸다. 따라서 이동국의 교체는 고려되지
않았다. 반면 16강 우루과이전은 한 경기로 탈락이 결정되는
토너먼트라서 골 하나하나가 절실했다. 스트라이커 이동국도
교체 출전 기회가 더 늘어났다.

　　우루과이전 상황은 여의치 않았다. 경기 시작 8분 만에
루이스 수아레스에게 실점을 허용한다. 61분 이동국이 투입되고
68분에 이청용이 동점골을 넣어 겨우 원점이 됐다. 팽팽하던
경기는 선제골의 주인공 수아레스가 80분에 기가 막힌 추가골을
넣어 재차 위기를 맞았다. 한 골이 필요한 순간, 결정적 기회는
86분 이동국에게 찾아온다. 박지성이 상대 수비 라인을
무너뜨리는 패스를 전달했다. 골대를 등지고 있던 이동국은
공을 받으며 부드럽게 돌아섰고 지체 없이 슈팅했다. 발등에
빗맞은 이 슈팅은 우루과이 골키퍼 페르난도 무슬레라의
옆구리를 맞고 골문으로 흘렀으나 수비수가 걷어낸다. 이동국은
자신에게 온 절호의 기회를 그렇게 놓치고 말았다.

　　경기 당시 비가 내려 그라운드가 미끄럽고 물이 고인
상태였지만 중요한 시점에 얻은 1:1 찬스는 공격수로서 '비판'을
피할 수 없었다. 다만 16강 탈락 자체를 이동국 책임으로
전가하는 '비난'은 무리가 있다. 이동국의 실책만큼이나 대표팀
첫 번째 실점은 수비진 실수가 뼈아픈 장면이었다. 게다가 90분
동안 펼쳐지는 축구에서 전술 대응은 물론 실점 장면, 교체
타이밍 등 여러 복합 요소가 발생하므로 한 선수한테 비난의
화살이 향하는 일은 분명 과하다.

[6] 「"동국, 가랑이 찢어져도
황새를 닮아라"」, 『동아일보』,
2010년 1월 18일.

● 정규 시간 기준, 2010 남아공 월드컵 2차전 아르헨티나와 경기에서 9분 출전, 16강 우루과이전 29분 출전, 1998 프랑스 월드컵 네덜란드전 13분 출전이다.

2010 남아공 월드컵에서 이동국에게 주어진 시간은 전반도 채 안 되는, 38분에 불과했다. 1998 프랑스 월드컵까지 포함된 월드컵 총 출전은 51분이다.● 무조건 득점을 바라기엔 턱없이 짧은 시간이다. 우리나라 공격수 중 월드컵 득점을 기록한 선수의 출전을 보면 대부분 실책 뒤에도 이를 만회할 기회를 넉넉히 보장받았다.

잘잘못을 떠나, 기회를 놓친 이동국은 그토록 따라다닌 '비난'과 '비운'이란 꼬리표를 떼어내지 못한다. 되려 우루과이전 슈팅은 안티팬 사이에서 '물회오리슛'이라 불리며 조롱당해야 했다. 이동국은 "이 순간을 위해 열심히 땀 흘려 훈련했는데, 허무하게 끝났다"며 "상상했던 월드컵은 아니었다"[7]고 회상했다. 많은 축구팬이 이동국이 월드컵 대표로 다시 발탁됐을 때 황선홍과 같은 모습을 그렸다. 계속된 시련 속에 대표팀 막바지는 찬란하길 바라는 마음 때문이었다. 황선홍은 1994 미국 월드컵 부진, 1998 프랑스 월드컵 부상, 2002 한·일 월드컵에서 득점을 올리며 축구 인생 유종의 미를 거뒀다.

허정무 감독은 2010 남아공 월드컵을 끝으로 물러난다. 조광래 감독이 새로 부임한 대표팀은 2014 브라질 월드컵을 향한 여정을 시작한다. 이동국은 조광래호에서 단 두 경기 출전에 그쳤다. 2011년 10월 7일 폴란드와 평가전과 월드컵 아시아 지역 3차 예선 아랍에미리트전에 나선 게 전부다.

조광래 감독은 예상과 달리 월드컵 아시아 지역 3차 예선에서 약체팀 레바논에 1:2 충격패를 당했다. 마지막 남은 쿠웨이트전 결과에 따라 최종 예선 진출 여부를 결정짓게 됐다. 결국 2011 아시안컵 실패와 3차 예선 부진으로 조광래 감독이 중도 경질되고 만다. 이때 새로운 사령탑에 이동국 소속팀 전북 현대 최강희 감독이 선임된다.

곧바로 소집된 이동국은 3차 예선 쿠웨이트전에 이근호와 함께 1득점씩 기록하며 곤경에 처한 대표팀을 구한다. 최강희

[7] 「이동국 "내가 생각했던 월드컵 아니었다"」, 『조선일보』, 2010년 6월 27일.

감독의 부임으로 대표팀 내 이동국 입지가 생겼다. 최종 예선 여덟 경기 중 일곱 경기에 나서 1득점 1도움 기록, 월드컵 본선 진출에 작은 보탬이 된다. 하지만 본선 진출을 확정 짓자 최강희 감독은 약속한 대로 지휘봉을 내려놓는다. 이어서 젊은 선수를 선호한 홍명보 감독이 부임하자 이동국은 다시 설 자리를 잃었다. 이제 적지 않은 나이가 되어 대표팀 행보를 잇기 힘들었다.

그렇게 2014 브라질 월드컵 대표팀에 뽑히지 못해 이동국의 월드컵 도전은 2010년이 마지막이 됐다. 그러나 태극마크를 달고 꼭 '불운'하던 건 아니다. 2014 브라질 월드컵 이후 울리 슈틸리케 감독이 부임하고 또다시 대표팀에 합류하는 저력을 보여줬다. 2014년 8월 26일 베네수엘라와 친선 경기에 출전하여 100경기 출장, 'FIFA 센추리클럽'에 가입한다. 이 경기에서 멀티골로 자축했다.

센추리클럽에 가입한 **2014년 8월 26일** 베네수엘라와 친선 경기. 선제 헤더골을 넣고 세리머니를 펼치고 있다.
ⓒ연합뉴스

2018 러시아 월드컵을 앞두고 신태용 감독이 대표팀에 부임, 월드컵 본선 진출 실패 위기 속에서 이동국을 깜짝 발탁해 두 경기*에 잠깐 모습을 비추기도 했다. 때문에 월드컵 대표팀에 소집될 수 있다는 희망 섞인 기사가 나왔지만 신태용 감독은 "이제 이동국을 놓아줘야 할 때"[8]라며 앞으로 발탁은 없다고 못 박았다. 이동국의 기나긴 대표팀 생활은 이렇게 마감한다.

* 2018 러시아 월드컵 최종 예선 경기였던 2017년 8월 31일 이란전과 9월 5일 우즈베키스탄전.

[8] 「신태용 감독 "이젠 이동국 놓아줘야할 때"」, 『스포츠동아』, 2017년 10월 31일.

전북 현대 레전드로 거듭나다

3

2010 남아공 월드컵을 보내고 온 이동국은 K리그 2010, 2011시즌 각각 12득점, 16득점을 올려 여전한 골 감각을 유지했다. 2011시즌 경우, 15도움도 기록하며 도움왕에 올랐다. 다른 선수의 조력을 받던 스트라이커 위치에서 동료 선수에게 기회를 만들어 주는 노련함까지 갖췄다. 이러한 활약 덕분에 또 한 번 K리그 MVP를 수상했고 팀은 2년 만에 챔피언 자리를 되찾았다.

아쉽게 2011시즌 K리그 득점왕에는 실패했다. 이어진 2012시즌 K리그 26득점을 올렸다. 득점왕을 차지했던 자신의 한 시즌 최다 골(21득점)을 갱신했지만 FC서울 소속이던 데얀이 31득점을 기록하는 바람에 2년 연속 2위에 머물렀다. 이 아쉬움은 아시아 챔피언스리그에서 달랜다. 2011시즌 여덟 경기에 출전해 아홉 골을 넣어 팀을 결승에 올려놓는다. 카타르 알 사드와 연장까지 가는 접전 끝에 2:2 무승부, 승부차기 2:4로 패하며 준우승에 마침표를 찍었다. 이때 이동국은 아시아 챔피언스리그 득점왕과 MVP를 수상한다. 국내에 머물지 않고 아시아 무대에서도 인정받는 업적을 남긴다.

전북 현대 초창기 활약만 놓고 봐도 이동국은 '레전드'로 불리기에 손색이 없다. 축구 전문가와 축구팬도 이제 포항보다 전북 현대 레전드로 인식하기 시작한다. 그러나 2013년 초 발행된 자서전에 먼 미래 은퇴할 시기가 되면 포항 스틸러스로 돌아가 포항에게 진 빚을 갚는 일도 나쁘지 않다고 말했다.[1]

[1] 이동국, 『세상 그 어떤 것도 나를 흔들 수 없다』, 나비의 활주로, 2013년, 124쪽.

이동국에게 포항은 태어나고 자란 고향이자 축구 생활을 시작한 장소다. 그만큼 각별하다. 자서전이 나온 시기에 전북 현대에서 뛴 기간은 네 시즌에 불과했다. 제아무리 구단 역사에 한 획을 그었다 한들 이동국도 언제든 전북을 떠날 수 있는 상황이었다. 실제로 K리그 내 레전드를 보면 재계약 문제, 선수 대우 문제가 얽혀 팀을 떠나는 경우를 자주 접하곤 한다.

다행히 그런 일은 일어나지 않았다. 오히려 2011년 중동팀이 제안한 빌딩 한 채 값에 달하는 거액의 이적 제의를 거절했다.[1] 이동국은 자신을 믿고 기용해준 최강희 감독에 대한 도리를 지키고자 전북 현대에 머물기로 한다. 최강희 감독이 2011년 말부터 2013년 6월까지 대표팀 지휘봉을 잡아 전북을 잠시 떠났지만 둘 사이는 대표팀 감독과 선수로 만나 더욱 돈독해졌다.

이동국은 전북 현대에 남아 레전드 길을 걷는다. 최강희 감독이 자리를 비운 2012, 2013시즌에 K리그 준우승과 3위라는 다소 아쉬운 성적을 남겼지만 개인 기록은 꾸준히 경신됐다. 2013시즌 K리그 '7경기 연속 득점' 기록을 세웠다.[표.1] 이는 '역대 최다 연속 득점' 기록인 황선홍과 김도훈의 8경기 연속 골에 이은 역대 2위에 해당한다.

2013시즌 아시아 챔피언스리그 조별리그에서 이동국은 일본 우라와 레드 다이아몬즈에게 0:1로 끌려가던 원정 경기서 후반 교체 투입됐다. 1골 2도움을 기록하며 3:1 역전승 주역이 되었다. 그중 득점은 아시아 챔피언스리그 통산 19호 골로 대회 최다골이라는 실속도 챙겼다.[2] 무엇보다 이때 골 세리머니가 축구팬 사이의 화제였다. 2010 남아공 월드컵을 앞두고 사이타마 스타디움 2002에서 한일전이 열린다. 경기 초반 골을 넣은 박지성은 야유를 퍼붓는 일본 축구팬을 바라보며 통쾌한 산책 세리머니를 보여줬다. 이동국은 승부를 결정짓자 같은 장소에서 산책 세리머니를 재연했다.

● 2012년 1월 23일에 방영된 SBS 예능 프로그램 〈힐링캠프, 기쁘지 아니한가〉에 출연해서 이야기한 내용이다.

[표. 1] 2013시즌 이동국 7경기 연속 득점 일지

날짜		득점 수
11R 5월 11일	vs 전남	1득점
13R 5월 26일	vs 강원	1득점
14R 6월 26일	vs 수원	2득점
15R 6월 30일	vs 경남	2득점
16R 7월 3일	vs 성남	1득점
17R 7월 7일	vs 포항	1득점
18R 7월 13일	vs 부산	1득점

일정이 밀렸던 12라운드 부산전은 6월 1일에 열렸고 이동국은 출전하지 않았다. 그래서 11, 13~18라운드 동안 기록이 작성되었다.

2 「'라이언킹' 이동국, 아시아 최고의 골잡이 되다」, 『중앙일보』, 2013년 4월 3일.

전북 현대 레전드로 거듭나다

최강희 감독이 전북에 돌아온 2014, 2015시즌은 리그 연속 우승 타이틀을 거머쥐며 종횡무진 K리그 무대를 누빈다. 이동국은 두 시즌 연속 K리그 MVP에 선정되면서 통산 4회 MVP 수상 이력을 남겼다. 또 2009년부터 매해 '두 자릿수 득점'이라는 경이로운 기록도 이어갔다.

　　2016시즌은 FC서울에 밀려 리그 2위로 주춤하는 듯 보였다. 그러나 그토록 염원하던 아시아 챔피언스리그 우승을 차지하며 건재함을 과시했다. 최강희 감독이 전북 현대에 부임한 2006년 첫 우승 이후 10년 만이었다.

　　이동국은 2011시즌 아시아 챔피언스리그 준우승 당시 "내 생애 첫 챔피언스리그 우승을 할 수 있는 절호의 기회였다"[3]고 자서전을 통해 말했다. 그러나 포항 스틸러스 시절, 전신 대회 '아시안 클럽 챔피언십' 우승 경험을 가졌기 때문에 이동국에게 2016년이 두 번째 우승이었다. 이러한 착오는 언론사도 꽤 헷갈리는 일이었다.[4] 아시아 챔피언스리그는 '아시안 클럽 챔피언십'과 '아시안 컵위너스컵'을 2002년에 통합하며 재탄생했다. 대회 위상과 의미가 달라 생긴 해프닝이다.

　　2016시즌 아시아 챔피언스리그 총 다섯 골을 넣었다. 8강 2차전에서 멀티골을 넣어 중국 상하이 상강을 5:0으로 대파했다. 결승 1차전 홈 경기에선 레오나르도에게 도움을 주며 공격 포인트도 올렸다. 알 아인의 즐라트코 다리치 감독은 1차전 패배를 "이동국의 교체 출전이 역전패하는 결정적 원인"[5]으로 꼽았다. 이동국은 1차전 2:1 승리를 이끌고 2차전 원정에서 58분 활약했다. 1:1 무승부를 거둬 합계 3:2로 승리를 챙겼다.

　　2017시즌은 아시아 챔피언스리그 출전 불발과 FA컵마저 32강부터 탈락해 오로지 리그에만 집중했다. 체력 안배까지 된 전북 현대는 K리그 조기 우승을 하고 단 1년 만에 아시아 챔피언스리그에 복귀한다.

3 이동국, 같은 책, 141쪽.

4 「[K리그 남은 이야기](2) 전북 vs 알 아인, 아챔 우승이 절실한 이동국」, 『엠스플뉴스』, 2016년 11월 19일.

5 「최종병기 이동국」, 『아시아경제』, 2016년 12월 19일.

같은 시즌, 딱 10득점에 성공하며 아슬아슬하게 K리그 9시즌 연속 두 자릿수 득점 기록을 이어간다. 한국 나이로 39세였던 이동국은 초반 부상으로 경기에 나서지 못했다. 그래도 기회가 있으면 한결같이 제역할을 다하며 대기록 수립을 차근히 해나갔다.

첫 번째로 프로축구 역사상 '70(득점)-70(도움) 클럽'에 가입한다. 2017년 9월 17일 K리그 29라운드 원정에서 친정팀 포항 스틸러스를 만나 작성된 기록이다. 이동국은 이날 선발 출장해 경기 시작 41초 만에 골을 넣었다. 이어서 2도움을 추가해 K리그 통산 197득점, 71도움이 됐다. 70-70 클럽은 골을 넣는 공격수에겐 득점뿐만 아니라 도움까지 필요하기 때문에 목표 달성이 쉽지 않다. 이동국의 실적보다 한 단계 아래인 60-60 클럽도 신태용, 에닝요, 마우리시오 몰리나, 염기훈 이렇게 다섯 명 뿐이다. 신태용은 은퇴하여 감독 생활을, 에닝요와 몰리나는 K리그를 떠났으니 80-80 클럽에 가능성이 있는 건 수원 삼성 소속 염기훈이 유일하다.●

● 염기훈은 2019시즌, 70-70 클럽에 가입한 두 번째 선수가 되었다. 2021시즌을 앞두고는 통산 76득점 110도움 기록 중이다. 따라서 현역 생활 하는 동안 단 네 골만 넣으면 80-80 클럽 최초 가입자가 된다.

두 번째는 프로축구 역사상 '개인 통산 200득점'이라는 전무후무한 기록을 실현한다. 열아홉 번 시즌에 걸쳐 달성한 200득점은 FA컵 제외, K리그와 2012년에 폐지된 리그컵을 합산한 기준이다. 이동국의 200득점 중 64득점은 포항 스틸러스(47득점), 광주 상무(15득점), 성남 일화(2득점) 소속 때 올린 득점으로 열 번의 시즌 동안 넣은 골이었다. 남은 136득점은 2009년 전북 현대로 이적하여 아홉 시즌 만에 기록됐다. 오히려 한 시즌 모자란 전북 현대 시절에 두 배 이상의 득점력을 보였다. 참고로 전북 소속만 집계된 100호 골은 2014년 8월 16일 K리그 21라운드 포항 스틸러스와 대결에서 터뜨렸다. K리그 통산 네 번째 선수에 해당하는 '한 팀에서 100득점'이었다.[6]

200번째 골은 시기적절하게 들어갔다. 2017년 10월 29일 전북을 추격하던 리그 2위 팀 제주 유나이티드를 홈에서 만났다.

[6] 「전북 100호골」 이동국, "100골에 관여한 모든 선수들에게 고맙다", 『오센』, 2014년 8월 16일.

200호 골을 넣고 이름이
새겨진 유니폼을 펼쳐 보였다.
ⓒ 연합뉴스

3:0 대승을 거두며 두 경기를 남겨 놓고 우승을 차지했다. 이동국은 78분 헤더로 200득점에 성공한다. 유니폼을 벗어 자신의 이름과 등번호를 보여주는 세리머니를 펼쳤다. 웬만한 골에도 환호가 없던 최강희 감독과 하이파이브하며 축구팬에게 흥미로운 모습을 보였다.

　이동국은 "통산 200득점이 다가올수록 달성하고 싶은 마음이 간절했다. 강원과 경기에서 199번째 득점을 넣은 뒤, 팀 동료가 우승하면서 200호 골을 넣으면 최고의 시나리오라고 했는데 그게 현실로 맞아떨어져 너무 기쁘다"고 말했다.[7] 최강희 감독은 자신이 시즌 중에 세운 '200승 달성'은 "시간이 흐르면 (저절로) 하게 되지만 200득점은 그렇지 않다"[8]며 애제자를 치켜세웠다.

　전북 현대 활약이 뒷받침되지 않았다면 수많은 대기록 작성은 엄두도 못 냈다. 70-70 클럽의 발판은 2011시즌 K리그

[7] 「'통산 200골' 새 역사 쓴 이동국」, 『동아일보』, 2017년 10월 30일.

[8] 「"이동국 200골, 내 200승보다 가치있다"」, 『조이뉴스24』, 2017년 10월 31일.

도움왕 역할이 컸고, 200득점은 앞서 밝혔듯 3분의 2 이상이 전북에서 작성됐으니 말이다. 축구 선수로서 많은 시련을 겪고 마침내 모든 아쉬움을 떨쳐버리는 활약과 성장을 이뤄냈다.

은퇴를 준비하며　　　　　　　　4

2018시즌 K리그 26라운드 상주 상무전에서 풀타임 활약해 리그 열 번째 골을 넣고 10시즌 연속 두 자릿수 득점을 이어갔다. 하지만 고참 중에서도 최고참이 되면서 출전 시간은 더 줄어든다. 계약도 1년 단위로 늘려갔다. 당장 은퇴해도 전혀 놀랄 일이 아니었다.

　　2019시즌엔 전북을 지휘하던 최강희 감독마저 중국 슈퍼리그로 떠났다. 이동국은 "감독님이 날 버려도 나는 감독님을 버리지 못하겠다"는 말을 끝까지 지켰다.● 포르투갈 출신이자 주제 무리뉴 감독과 오랜 시간 일해온 조세 모라이스 감독이 부임하며 전북은 새로운 갈림길에 서게 됐다. 이런 와중에 베테랑 이동국은 2013~2015년에 이어 2019년 주장을 맡아 새로운 코치진과 선수들 간 가교 구실을 톡톡히 했다.[1]

　　K리그 15라운드 상주 상무와 경기였던 2019년 6월 2일에는 전북 현대 소속으로만 통산 200호 골을 달성했다. 그리고 23일 수원 삼성과 경기에서는 골키퍼가 찬 공이 얼굴에 맞아 득점하는 황당한 일도 생겼다. 이동국은 여러 인터뷰에서 "축구하면서 이런 경험은 처음"이라고 너스레를 떨었다. 2019년은 교체 출전이 잦아져 끝내 아홉 골로 시즌을 마무리했다. 그렇게 두 자릿수 득점은 '10시즌' 연속이라는 대기록으로 막을 내렸다.

　　2020시즌도 역시 1년 계약 연장에 성공한다. 주축 멤버에서 밀리고는 있지만 짧게 기회가 오면 진가를 보여주었다. 모라이스 감독도 주장 이동국을 그대로 신뢰했다. 코로나19 여파로 5월에

● JTBC 예능 프로그램 〈아는형님〉에 나와, 평소 아내와 나눈 대화 중에 자신이 한 말을 전했다.

1 「젊어진 전북, 이동국 주장 선임한 이유」, 『스포티비뉴스』, 2020년 2월 23일.

시작된 2020시즌 첫 경기에서 골을 넣고 '개막전 골'의 주인공이 되었다. 이동국은 코로나19와 맞서 싸우는 의료진을 향해 감사의 의미를 담아 '덕분에 세리머니'를 펼쳤다.

오지 않을 것만 같았던 은퇴는 2020시즌 막바지에 소식이 전해졌다. 비록 몸 상태가 좋진 못했지만 그의 실력이라면 선수 생활을 접기엔 아직 이르다는 여론이 많았다. 실제로 전북 현대 한 관계자에 따르면 이동국은 상반기만 해도 은퇴할 생각은 아니었다고 한다.[2] 2020년에 은퇴 결심이 선 이유는 무엇이었을까?

전북 현대는 모라이스 감독과 2년 계약을 맺고 두 시즌 연속(2019, 2020) K리그 우승이란 성과를 이뤄냈다. 그렇지만 그 과정은 최강희 감독 시절만큼 안정감 있진 않았다. 내막을 들여다보면 우승에 가까웠던 울산 현대가 스스로 자멸한 모양새였다. 이동국의 은퇴 기자회견 날짜가 2020 K리그 최종전을 앞둔 10월 28일이다. 우승 가능성이 울산 현대에서 전북 현대로 넘어온 시점이었다. 2021년 또 한 번 새로운 감독과 팀 정비에 나서야 한다는 점을 떠올리면, 유종의 미를 거두고 떠날 수 있는 적기였다.

은퇴 기자회견에서는 23년간 프로 선수 생활과 관련해 질의응답을 가졌다. 은퇴를 앞두고 있다 하기엔 덤덤하고 오히려 유쾌한 분위기가 유지됐다. 그러던 이동국이 기자회견 30분이 지나 울컥했다. 바로 전날 밤 있었던 아버지와 통화 내용을 전하면서였다. "30년 넘게 '축구 선수 이동국'과 함께하신 아버지도 은퇴한다고 하셨다"며 "그 말씀에 가슴이 찡했다"고 한 뒤, 한참 동안 말을 잇지 못한 채 하염없이 눈물을 흘렸다.[3] 축구 선수를 둔 부모 마음을 저울질할 수 없겠지만, 이동국 부자 관계는 그중에서도 더욱 각별하다. 아들딸과 출연한 KBS 예능 프로그램 <해피선데이-슈퍼맨이 돌아왔다>에 아버지 이길남 씨가 나와 그동안 스크랩한 신문과 영상을 공개할 정도로 아들 사랑이 남다르다.

[2] 「이동국, 은퇴 선물로 리그와 FA컵 트로피 원한다」, 『포포투』, 2020년 10월 27일.

[3] 「아버지 이야기에… 끝내 울어버린 이동국」, 『디지털타임스』, 2020년 10월 28일.

이동국 은퇴 경기는 2020시즌 K리그 최종전이었다. 대구FC를 상대로 이길 경우 우승을 결정 짓는 중요한 승부처였다. 11월 1일 전주월드컵경기장에서 열린 이 경기는 코로나19로 인해 전체 수용 인원(4만 2,477명)의 25퍼센트에 해당하는 1만 251명이 입장할 수 있었다. 인터넷으로만 이루어진 입장권 판매는 시작과 동시에 매진됐다. 리빙 레전드가 트로피를 들어 올리는 마지막 모습을 보기 위해, 가을비가 내리는 궂은 날씨에도 많은 팬이 경기장을 찾는다.[4]

관중 대부분은 등번호 20번이 새겨진 유니폼을 입었다. 심지어 시즌별 전북 유니폼과 대표팀 유니폼까지 챙겨와 전주성을 장식했다. 그뿐만 아니라 걸개와 대형 깃발에도 이동국 얼굴과 이름이 새겨져 있었다.[5] 관중은 이동국 등번호를 기리는 의미로 경기 시작 20분에 2분 동안 기립 박수를 보냈다. 구단도 이동국이 그라운드로 들어서자 평소 다른 음악을 틀어 은퇴를 기념한다. 프로 데뷔부터 불린 '라이언킹'이란 별명에 어울리는, 애니메이션 〈라이언킹(Lion King)〉 OST 〈서클 오브 라이프(Circle of Life)〉였다.[6]

이동국은 은퇴 경기에서 오랜만에 선발 출장한다. 종료 휘슬이 울리는 순간까지 근육 경련을 참아가며 뛰었다. 풀타임 활약은 2019년 11월 23일 이후 1년 만이었다.[7] 옐로카드를 받을 정도로 치열하게 경기에 임했다. 네 개 슈팅으로 골문을 두드렸지만 끝내 득점은 없었다.

전북 현대는 조규성의 두 골에 힘입어 2020 K리그 우승과 K리그 4연패라는 전무후무한 역사를 세운다. 모라이스 감독은 "세계 축구에서 리그 4연패는 소수 클럽만 이룬 업적"이라며 기뻐했다.[8] 2020년 우승을 통해 전북 현대는 K리그 역대 최다 우승 기록을 공유하던 성남FC(성남 일화)의 7회 우승도 단숨에 넘어섰다. 이동국은 팀이 여덟 번 우승하는 동안 모든 순간을 함께한 선수다. 전북 현대하면 이동국, 이동국하면 전북 현대라는 말이 과장이 아니다.

[4] 「여기도, 저기도 온통 'No. 20 이동국'··· 전주성의 레전드 대우법」, 『인터풋볼』, 2020년 11월 2일.
[5] 『인터풋볼』, 2020년 11월 2일자 같은 기사.
[6] 「이동국을 울컥하게 만든 '전주성' 세 장면」, 『풋볼리스트』, 2020년 11월 3일.
[7] 「이동국 은퇴 경기 풀타임 뛰다 '다리 부여잡은 사연'(영상 기사)」, 『KBS』, 2020년 11월 2일.
[8] 「전북 모라이스 "4연패는 세계에서도 소수 클럽만 이룬 역사"」, 『뉴시스』, 2020년 11월 1일.

우승 세리머니 후, 축구 인생을 축약한 헌정 영상을 시작으로 은퇴식이 거행된다. 전북 현대의 모기업, 현대자동차그룹 정의선 회장이 기념패를 전달했다. 은퇴식을 찾은 정의선 회장은 5년 만에 전북 현대 경기를 관람했고, 전주월드컵경기장에 온 건 처음이었다.[9] 이어서 전북 현대 허병길 대표이사가 액자에 담긴 기념 유니폼을 전달하며 등번호 20번을 영구 결번한다고 발표한다. 전북 현대는 서포터즈 MGB(Mad Green Boys)를 상징하는 12번 외 영구 결번한 적이 없다. 이동국이 없는 매 시즌 그를 영원히 추억할 수 있게 되었다.

기념 유니폼을 들고 있는 이동국. 20번 영구 결번을 선언한 전북 현대.
ⓒ 연합뉴스

[9] 「'라이언 킹' 마지막 경기 챙긴 정의선… 이동국 "큰 선물 받아"」, 『파이낸셜뉴스』, 2020년 11월 2일.

깜짝 손님 등장도 있었다. 충남아산FC 감독이자 동갑내기 친구, 박동혁이 경기장을 찾아 꽃다발을 전달했다. 동시대 선수가 감독이라는 사실에 이동국의 현역 생활이 얼마나 대단했는지 새삼 느껴지는 장면이었다. 그리고 나서 김승수 전주시장이 나와 명예시민증을 수여했다. 참고로 이동국은 전라북도 268번째 명예도민증도 받았다.[10] 그다음 박성일 완주군수의 감사패가 전달된 뒤, 부모님과 가족이 한자리에 모여 아들딸의 영상 편지를 지켜봤다. 이동국은 은퇴식 내내 눈물이 차있었다. 가족 이야기를 할 땐 눈물을 꾹꾹 눌러 담는 모습이었다. 팬에게 마지막 감사의 말을 전할 때도 경기장에 보이는 수많은 20번 유니폼을 보며 만감이 교차하는 듯했다.

● 2020 K리그 최종전 27라운드 경기는 JTBC 골프&스포츠 채널에서 중계했다. 이날 해설을 맡은 선수 출신 현영민도 이동국, 박동혁과 절친한 친구 사이로 잘 알려져 있다.

K리그 일정이 마무리되며 축구 인생 정규 시간을 모두 소진했다. 하지만 추가 시간이 주어진다. 이동국의 도전은 아직 끝나지 않았다. FA컵 결승이 남았기 때문이다. 아시아 챔피언스리그 우승과 MVP, K리그 개인 통산 최다 우승 그리고 MVP와 도움왕 등 국내 축구 모든 기록을 가진 이동국에게 없는 트로피가 바로 FA컵이다. 포항 시절, 2001, 2002년 두 차례 연속 준우승에 머물렀다. 전북 현대에서 전성기를 구가할 때도 최고 성적이 2013년 준우승이다.[11] 더구나 4년간(2016~2019) K리그2 팀에 패하며 조기 탈락해 자존심을 구겼다.

2020 FA컵 결승은 공교롭게도 2019, 2020시즌 K리그 우승 경쟁을 펼친 울산 현대와 만난다. 2년 연속 전북 현대에게 리그 타이틀을 내준 울산 현대는 FA컵 트로피만큼은 가져오자는 굳은 결심으로 나섰다. 그러나 울산 현대는 2020시즌 K리그에서 전북 현대를 세 번이나 만나 단 한 번도 이기지 못했다. 두 팀 간 FA컵 역대 전적을 살펴봐도 전북 현대가 우위(3전 3승)였다.[12]

FA컵 결승 1차전은 은퇴식 3일 후인 11월 4일에 펼쳐진다. K리그 최종전에서 모든 힘을 쏟아부었던 이동국은 회복 시간이 필요했다. 때마침 지도자 강습회도 참가해야 했기 때문에

[10] 「전북현대 2020년 5大 하이라이트」, 『시사매거진』, 2020년 12월 24일.

[11] 「이동국의 마지막 질주, 생애 첫 FA컵 우승 트로피 들고 '화룡점정'」, 『스포츠서울』, 2020년 11월 9일.

[12] 「전북, K리그 우승 물고 더블까지 간다! 이동국 출전 여부 관심」, 『인터풋볼』, 2020년 11월 7일.

1차전은 명단에 제외되었다.[13] 전북 현대는 원정 1차전에서 1:1 무승부를 거두고 11월 8일 2차전 홈 경기를 준비한다. 체력을 회복한 이동국이 이번엔 교체 선수로 명단에 이름 올랐다.

2차전 시작 4분 만에 울산 현대 주니오에게 일격을 맞아 0:1로 끌려간다. 후반에 의기투합한 전북 현대는 이승기가 53분 동점골과 71분 역전골을 연달아 넣으며 판을 뒤집었다. FA컵 우승에 한걸음 다가섰다. 이동국은 정규 시간 1분을 남겨두고 그라운드에 나온다. 추가 시간 4분 동안 팀에 보탬이 되고자 활발히 움직였다. 날카로운 침투 패스가 있었고 결정적 슈팅도 때렸다. 이 슈팅은 아쉽게 수비 맞고 골문을 벗어나 버렸다.

경기를 좌지우지하진 못했지만 FA컵 결승을 함께 했다는 사실만으로도 이동국에겐 뜻깊은 시간이었다. 종료 휘슬이 울리자 전북 현대 선수들은 너나 할 것 없이 마지막 경기를 치른 이동국에게 달려갔다. 이동국은 활약을 펼친 이승기가 주인공이라며 공을 돌렸다. FA컵 MVP를 받은 이승기는 떠나는 선배 이동국에게 우승 트로피를 선물하고 싶어 선수들이 더욱 열심히 뛰었다고 말한다.[14]

전북 현대는 15년 만에 FA컵 트로피를 들어 올렸고, 통산 네 번째 FA컵 우승과 구단 역사상 첫 '더블'을 이뤄냈다. K리그에서 정규 리그와 FA컵을 동시에 석권하는 더블은 2013년 포항 스틸러스 이후 두 번째다. 이동국은 꿈에 그리던 FA컵을 따내며 국내 선수가 가질 수 있는 모든 대회(아시아 챔피언스리그, K리그, FA컵) 트로피를 거머쥐었다. 팀 주장으로서 우승 세리머니 중심에 있던 이동국은 그 누구보다도 활짝 웃고 있었다.

13 「'깜짝 출전' 이동국, 첫 FA컵 입맞춤⋯ 커리어 트레블」, 『뉴시스』, 2020년 11월 8일.

14 「이동국의 마지막 질주, 생애 첫 FA컵 우승 트로피 들고 '화룡점정'」, 『스포츠서울』, 2020년 11월 9일.

2020 FA컵 우승 트로피를 들어 올린 이동국. ⓒ 연합뉴스

이동국이 한국 축구에 남긴 업적

5

이동국은 K리그 레전드 선수 중 단연 최고에 해당한다. 리그 우승만 8회를 기록한 이동국은 가장 많은 우승을 경험했다. MVP, 신인왕, 득점왕, 도움왕 모두 석권한 유일한 선수다. 스트라이커답게 228골을 넣어 K리그 역대 득점 순위 1위에 올라 있다. 도움 순위도 2위다. 1위 염기훈이 2020년 기준 110도움으로 독보적이다. 3위 몰리나(69도움)가 국내에서 뛰지 않아 이동국의 77도움 기록은 쉽게 깨지진 않을 전망이다. 공격 포인트를 합산하면 총 305점이 되는데 이 역시 최초이자 통산 1위다.

    K리그 공식 출전만 548경기로 역대 2위에 위치한다. 1위가 김병지(706경기), 3위가 최은성(532경기)이다. 두 선수 모두 포지션이 골키퍼라는 점을 고려하면 대단한 기록이 아닐 수 없다. K리그 출전은 과거 있었던 리그컵을 합산한 기준이다. 따라서 FA컵 기록은 빠졌다. FA컵 출전을 포함하면 29경기가 추가된다. 또 유럽 진출해서 뛴 기록도 있다. 베르더 브레멘에서 리그 7경기, 미들즈브러 소속으로 리그 23경기, FA컵 4경기, 리그컵 2경기를 뛰었다. 국제 대회인 클럽대항전도 추가해야 한다. 전북 현대 소속으로만 아시아 챔피언스리그 74경기에 나왔고, 아시안 클럽 챔피언십을 출전한 포항 스틸러스 시절엔 7경기에 나섰다. 클럽 월드컵 출장도 1회 포함되고, 신인 시절 참가한 아프로-아시안 클럽 챔피언십 3경기까지 합치면 또다시 85경기나 늘어난다. 그러면 지금까지 나열된 경기만 698경기다.

여기가 끝이 아니다. 대표팀 출전도 빼놓을 수 없다. 센추리클럽에 가입한 성인 대표팀만 105경기, 올림픽 등 U-23 대표팀으로 29경기, U-20 대표팀 9경기에 나섰다. 여기에 A매치로 집계가 안 된 남북통일축구대회(2002.9.7) 같은 친선 경기도 3경기에 모습을 드러냈다.[1] 이렇게 하면 공식 기록 출전만 844경기다. 득점도 이런 식으로 분류하면 총 344골을 넣었다. 정리된 표를 참고하자.[표.1] [표.2]

- K리그 올스타전은 비공식 경기로 분류.

[표. 1] 공식 경기 출전 기록

종합 출전 수	대표팀 총 출전	K리그 총 출전	FA컵 총 출전	클럽대항전 총 출전	유럽 무대 총 출전
844	146	548	29	85	36
	성인 105	전북 356(+5)	18	74(+3) 미들즈브러	23(+4, +2)
	U-23 29	포항 102(+21)	9	7(+3) 브레멘	7
	U-20 9	상무 46(+5)	2		
	미포함 3	성남 10(+3)			

[표. 2] 공식 경기 득점 기록

종합 득점 수	대표팀 총 득점	K리그 총 득점	FA컵 총 득점	클럽대항전 총 득점	유럽 무대 총 득점
344	62	228	13	39	2
	성인 33	전북 162(+2)	9	37 미들즈브러	0(+1, +1)
	U-23 20	포항 38(+9)	4	2 브레멘	0
	U-20 8*	상무 12(+3)			
	미포함 1	성남 2			

* 대한축구협회 홈페이지 기록을 참고하면 U-20 대표팀 총 득점은 6득점이다. 그러나 344골이라고 집계한 협회 보도자료 기사를 보면 청소년 대표로 규정해 8득점으로 집계해봤다.

이 행의 괄호는 리그컵이다.

전북 기록은 아시아 챔피언스리그, 포항 기록은 아시안 클럽 챔피언십이다. 전북 괄호는 클럽 월드컵, 포항 괄호는 아프로-아시안 클럽 챔피언십이다.

미들즈브러 기록 괄호 안 첫 번째는 FA컵, 두 번째는 리그컵이다.

[1] 「이동국, 혜성처럼 등장해 844경기 344골의 레전드가 되다」, 『골닷컴』, 2020년 10월 27일.

출전한 대회도 엄청 다양하다. 월드컵, 아시안컵, 올림픽, 아시안게임을 포함해 AFC U-19 챔피언십(아시아 청소년 축구선수권대회)과 FIFA U-20 월드컵(세계 청소년 축구선수권대회)까지 섭렵했다. 클럽 경력도 마찬가지다. 아시아 챔피언스리그 우승 자격으로만 출전 가능한 FIFA 클럽 월드컵 이력도 가졌다. 더하여 한중일 3개국 리그 우승팀이 참가한 A3 챔피언스컵도 포항 소속으로 명단 포함되었다.● 굳이 못 나온 대회를 꼽자면 2001년에 월드컵 예행연습으로 치른 FIFA 컨페더레이션스컵이 있다.

언급된 여러 기록 중에 갱신 가능성이 있는 건 2위를 차지하고 있는 K리그 최다 출장 기록이다. 골키퍼 김영광은 2020년 기준 518경기로 최다 출장 4위에 머물러 있다. 이동국의 548경기와는 서른 경기가 차이 난다. 2021시즌 김영광은 성남FC로 이적했고 현역 생활을 이어간다. 주전 골키퍼로 출전한다는 가정하에 이동국 기록을 넘어설 수 있다.●●2 또 하나는 아시아 챔피언스리그 역대 득점 순위 1위(37득점) 기록이다. 2020시즌을 마친 데얀은 198골로 K리그 득점 2위에 올라 있다. 228골을 기록한 이동국을 넘긴 힘들다. 다만 아시아 챔피언스리그는 한 골 차이로 이동국 뒤를 바짝 쫓고 있다. 데얀이 선수 생활 중 K리그를 떠나 아시아 다른 팀으로 이적해 챔피언스리그에만 출전한다면 갱신 가능성은 남아 있다.

기록에 관해 이야기한 김에 대표팀 성과도 살펴보자. 1998 프랑스 월드컵 출전 때 이동국 나이는 19세 52일이었다. 최연소 월드컵 출전이다. 이즈음 시작된 대표팀 생활은 2017년 있었던 러시아 월드컵 최종 예선까지 이어졌으므로, 1998년 5월 16일부터 2017년 9월 5일까지 언 20년을 한 셈이다. 이 역시 대표팀 발탁 최장기간이다. 센추리클럽은 이미 잘 알려진 사실이지만 대표팀 최다 득점 선수 4위는 보다 덜 알려졌다. 성인 대표팀에서만 33득점을 기록해 김재한과 공동 4위에 올라

● 개최국은 리그 우승과 준우승 두 팀이 참가했고, 총 네 팀이 풀리그 방식으로 경기를 치렀다. 포항 스틸러스는 K리그 준우승 및 개최국 자격으로 2005년 대회에 참가했다. A3 챔피언스컵은 2003년부터 2007년까지 운영된 뒤 폐지되었다.

●● 최다 출장 3위로 밀려난다고 해도 필드 플레이어 출장 1위는 여전히 이동국이다.

2 「계속되는 '영광'의 도전, 최다 출장 역대 2위 노린다」, 『스포츠조선』, 2020년 12월 28일.

있다. 아시안컵에선 한국 선수 중 누구도 범접하기 힘든 기록을 가졌다. 2000년에 6득점, 2004년에 4득점을 더해 아시안컵 총 열 골을 넣었다. 이란의 알리 다에이가 기록한 열네 골에 이은 아시안컵 통산 득점 2위다.[표.3]

[표. 3] 아시안컵 대회 종합 득점 기록

이름		총 득점 수
알리 다에이	이란	14득점
이동국	한국	10득점
다카하라	일본	9득점
자셈 알후와이디	쿠웨이트	8득점
유니스 마흐무드	이라크	

이렇게 K리그와 대표팀을 통틀어 한국 축구에 많은 유산을 남겼다. K리그에선 더할 나위 없지만 대표팀 생활은 분명 아쉬움이 남는다. 부상으로 인한 기복, 월드컵에서 골을 넣지 못한 부분 때문에 평가 절하되는 부분이 상당하다. 본문에서 밝힌 2000년 대표팀 혹사, 2007 아시안컵 차출은 부진에 대한 변명이 아니다. 이동국은 선수 관리 시스템이 정비되지 않았던 시절을 보낸 마지막 세대다. 이동국의 대표팀 생활을 두고 아쉬워하는 이유는 여기에 있다. 지금처럼 소속팀과 대표팀 경기를 잘 구분하고, 선수 체력과 부상을 관리해주는 시대에 전성기를 보냈다면 분명 더 많은 업적을 남길 선수였다.

그러나 이러한 이야기는 단지 가정일 뿐이다. 그래서 좀 더 현실적인 이야기를 해보자. 이동국이 활약할 때마다 자주 들은 말이 바로 "이동국 만한 스트라이커가 없다"는 것이다. 한국 축구 스트라이커 계보는 황선홍 이후 이동국과 박주영이 이어받았고, 끊어진 계보를 이제서야 황의조가 잇고 있다. 물론 세계 축구의 전술 흐름에 따라 타깃형 공격수가 줄어들곤 있지만 그간 국내에 이름 있는 골게터가 없던 게 현실이다. K리그에서 이 문제점은 더 두드러진다. 이동국처럼 꾸준히 활약하는 토종 공격수를 접하기 힘들었다. 전북에서 뛴 2009년부터 2020년까지 K리그 득점 순위를 보면 젊은 선수가 이동국보다 골을 많이 넣는 게 쉬운 일이 아니다.

무엇보다 이동국은 고난과 역경을 이겨냈다는 데에 더 높은 평가를 받아 마땅하다. 히딩크호 시절 이동국은 스트라이커로서 골만 넣으면 된다고 생각했고 그렇게 명단 제외되었다. 그에 대한 반감이 생길 법도 한데 오히려 이동국은 히딩크 감독 덕분에 축구 선수로서 성장할 수 있었다고 말한다. 이어서 병역의 의무를 위해 입단한 상무축구단에서 개인 훈련에 매진하는 다른 종목 선수를 보며 많은 깨달음을 얻었다. 보통 운동선수에게 입대는 시간 낭비라는 인식이 강한데, 이동국은 군 생활 이후 축구 실력이 향상된다. 또 2010 남아공 월드컵 우루과이전 득점 실패에도 굴하지 않고 10년간 선수 생활을 이어갔다. 여러 분야 사람을 봐도 자신의 한계를 넘어서는 게 말처럼 쉬운 일이 아니다.

　　이동국의 은퇴는 다른 선수가 주는 의미와는 사뭇 다르다. 무려 23년을 보낸 프로 생활 속에 희로애락이 깊게 배어 있다. 그걸 지켜본 축구팬에게도 특별한 의미를 지닌다. 전북의 한 축구팬은 이동국을 '청춘과도 같은 선수'라고 말한다. 어린 시절 이동국을 응원한 축구팬은 어엿한 성인이 되었다. 우린 지금까지 축구 선수 이동국의 시대를 함께 살아왔다.

● 은퇴하고 출연한 SBS 예능 프로그램 〈집사부일체〉에서 전북팬들이 이동국에게 직접 영상 편지를 남겼다.

부록

K-League Legend

Lee Dong-Gook

Minority Press

이동국
선수 생활 연보

년도	나이	이력
1979년	1세	4월 29일 경상북도 포항 출생
1986년	8세	포항동부초등학교 입학
1989년	11세	포항제철동초등학교 전학(초등학교 4학년), 축구 시작
1992년	14세	**차범근 축구상 장려상**(1991), 포항제철중학교 입학
1995년	17세	포항제철공업고등학교 입학
1996년	18세	**시·도대항 중·고축구대회 MVP,** **대구 MBC 전국고교축구대회 득점왕**
1997년	19세	**KBS배 춘계고등학교축구연맹전 우승 MVP, 득점왕**
1998년	20세	포항 스틸러스 입단, **아시안 클럽 챔피언십 우승** 아시안 슈퍼컵 준우승 **K리그 신인왕, 올스타전 MVP, 키카특별상** **A매치 데뷔**(5월 16일, 친선 경기 vs 자메이카) **프랑스 월드컵 대표팀** 최연소 출전(6월 20일, 조별리그 2차전 vs 네덜란드) **아시아 청소년 축구선수권대회(U-19 챔피언십) 우승** **아시아 청소년 축구선수권대회 득점왕** **방콕 아시안게임 (성인) 대표팀**
1999년	21세	**해트트릭**(5월 25일, 올림픽 1차 예선 vs 스리랑카) **해트트릭**(5월 29일, 올림픽 1차 예선 vs 인도네시아) **세계 청소년 축구선수권대회(U-20 월드컵) 대표팀**
2000년	22세	올림픽 대표팀과 성인 대표팀 병행 **북중미 골드컵 대표팀** A매치 첫 득점(2월 17일, 골드컵 vs 코스타리카전)

		시드니 올림픽 대표팀
		아시안컵 대표팀 **아시안컵 득점왕, 베스트 일레븐**
		해트트릭(10월 19일, 아시안컵 vs 인도네시아)
2001년	23세	독일 분데스리가 진출, 베르더 브레멘 임대
		포항 스틸러스 복귀, FA컵 준우승, **올스타전 MVP**
		컨페더레이션스컵 대표팀 명단 제외
2002년	24세	북중미 골드컵 대표팀
		한일 월드컵 대표팀 명단 제외
		부산 아시안게임 (U-23) 대표팀 **아시안게임 동메달**
		FA컵 준우승
2003년	25세	광주 상무 입단(군 복무), **올스타전 MVP**
		해트트릭(5월 4일, K리그 vs 부산 아이파크)
2004년	26세	아시안컵 대표팀 대회 득점 2위
		K리그 20-20 클럽
		KFA 올해의 골(12월 19일, 친선 경기 vs 독일)
2005년	27세	포항 스틸러스 복귀, A3 챔피언스컵 준우승
2006년	28세	무릎 전방 십자인대 파열(4월 5일, K리그 vs 인천),
		독일 월드컵 출전 좌절
2007년	29세	부상 복귀 후 잉글랜드 프리미어리그 진출,
		미들즈브러 이적(한국인 네 번째 프리미어리거)
		아시안컵 대표팀
2008년	30세	K리그 복귀, 성남 일화 이적
2009년	31세	전북 현대 이적, 첫 번째 **K리그 우승**
		K리그 MVP, 득점왕, 베스트 일레븐, 팬타스틱 플레이어상
		해트트릭(5월 2일, K리그 vs 제주 유나이티드)
		해트트릭(7월 4일, K리그 vs 광주 상무)
2010년	32세	남아공 월드컵 대표팀 12년 만에 월드컵 출전
		동아시안컵 대표팀 **동아시안컵 득점왕**
		K리그 30-30 클럽

2011년	33세	아시아 챔피언스리그 준우승
		아시아 챔피언스리그 득점왕, MVP
		두 번째 **K리그 우승**, **K리그 MVP**, 도움왕, 베스트 일레븐, 팬타스틱 플레이어상 K리그 40-40 클럽
		K리그 개인 통산 100득점(역대 여섯 번째)
		해트트릭(8월 21일, K리그 vs 포항 스틸러스)
		해트트릭(9월 27일, 챔피언스리그 vs 세레소 오사카)
2012년	34세	**K리그 베스트 일레븐, 올스타전 MVP**
		해트트릭(6월 24일, K리그 vs 경남FC)
		K리그 준우승, K리그 50-50 클럽
2013년	35세	전북 현대 주장 선임(2015년까지), FA컵 준우승
2014년	36세	브라질 월드컵 대표팀 명단 제외
		A매치 100경기 출장, **FIFA 센추리클럽** 가입 (8월 26일, 친선 경기 vs 베네수엘라)
		세 번째 **K리그 우승**, **K리그 MVP**, **베스트 일레븐**, **팬타스틱 플레이어상**, K리그 60-60 클럽
		전북 현대 소속 100호 골
2015년	37세	네 번째 **K리그 우승**
		K리그 MVP, 베스트 일레븐, 팬타스틱 플레이어상
2016년	38세	아시아 챔피언스리그 우승, 클럽 월드컵 출전, K리그 준우승
2017년	39세	다섯 번째 **K리그 우승**, **K리그 특별상, 베스트 포토상**
		K리그 개인 통산 200득점(역대 최초)
		K리그 70-70 클럽(역대 최초)
2018년	40세	여섯 번째 **K리그 우승**
		K리그 개인 통산 500경기 출전
		K리그 10시즌 연속 두 자릿수 득점(2009년부터)
2019년	41세	전북 현대 주장 선임(2020년까지), 일곱 번째 **K리그 우승**
		아시아 챔피언스리그 통산 득점 1위(37득점)
		전북 현대 소속 200호 골

2020년	42세	여덟 번째 **K리그 우승**, 첫 번째 **FA컵 우승**
		K리그 특별상-공로상, 베스트 포토상
		현역 은퇴

K리그 레전드 전집
이동국 전북 현대 레전드가 되기까지

초판 1쇄 발행.	**2021년 4월 29일**
지은이.	김성진
교정 및 교열.	백승희
발행 및 편집.	마이너리티 프레스
인쇄 및 제책.	제이케이디엔피

마이너리티 프레스

출판 등록.	**2017년 10월 13일** **(제2017-000263호)** **04194 서울시 마포구** **백범로 205, 101동 1708호**
전화.	**02-2612-8644**
팩스.	**02-6455-8655**
이메일.	**mnrt.info@minoritypress.kr**
홈페이지.	**www.minoritypress.kr**
ISBN.	**979-11-962201-5-0 04080** **979-11-962201-4-3(세트)**
값.	**14,000원**